朝日新書
Asahi Shinsho 826

こんな政権なら乗れる

中島岳志
保坂展人

朝日新聞出版

はじめに

中島岳志

保坂展人さんは、1996年の衆議院選挙に社民党から立候補して当選した。衆議院議員時代の保坂さんは、権力に対して鋭く迫る野党議員としての姿が印象的だった。与党が提出した法案の問題や政治スキャンダルに、理路整然と立ち向かう姿勢は、「国会の質問王」と言われ、一目置かれる存在だった。

一方、2011年に東京・世田谷区長に当選すると、今度は着実に重要な成果を積み上げる首長として、注目された。自然エネルギーの自治体間連携、下北沢再開発、福祉相談窓口のワンストップサービス化、空き家活用マッチング、保育の質を落とさない待機児童解消、ひとつながりの子育て政策（世田谷版ネウボラ）、公設民営のフリースクール設置、同性パートナーシップ宣誓など、画期的な政策を次々に実現させ、国会の与党関係者や霞が関の官僚が、こぞって視察にやって来ることになった。二回目以降の区長選では、自民党支持者からも多くの投票を獲得し、盤石な体制を築いた。

保坂さんの最大の特徴は、野党性と与党性の融合である。一流の野党政治家でありながら、一流の首長として実績を重ねる稀有な政治家――。そんな保坂さんのことをもっとよく知りたい。その神髄に迫りたいという思いから、本書の企画は立ち上がった。

現在、国政レベルでは野党の支持率低迷が続いている。安倍内閣から菅内閣にかけて、森友問題や加計問題、「桜を見る会」問題など、決定的な政治スキャンダルが続き、コロナ対策でも失敗が積み重なっている。にもかかわらず、野党への期待が高まらない背景には、政権を任せても大丈夫という信頼感を欠いている現状がある。民主党政権失敗の傷は大きく、政権担当能力への懐疑が広まっている。野党が与党になるイメージが、一向に共有されていないのだ。

これに対し、保坂さんはこの10年間、野党の低迷をしり目に、首長として政治的成果をあげてきた。92万人という政令指定都市並みの人口を抱える世田谷区のかじ取りを担い、数々の難題を解決してきた。コロナ禍では「世田谷モデル」といわれる施策を実行し、国が後を追うことになった。野党に対して「反対ばかりしている」という批判が向けられる中、保坂さんの施策は与党や霞が関に大きな影響を与え、国を動かしている。

保坂さんの実績を見つめ直し、その歩みを検証することで、野党が政権を取るために必要なものが見えてくるのではないか。私はそう考えている。次の政権交代を考える際、保坂さんが最も重要なキーマンの一人であることは間違いない。


保坂さんの姿に、心から感銘を受けたことがある。それは2019年10月の台風19号水害の際である。多摩川沿いにある世田谷区では、一部で浸水被害が出た。暴風雨が続き、被害の拡大が危惧された。

都内に住んでいた私も、家の前の樹木が、激しく揺れる様子を見ながら、眠れぬ夜を過ごしていた。当時住んでいた家は、多摩川からは離れていたが、すぐ近くに暗渠《あんきょ》となった川が流れており、増水が心配された。激しい風が窓ガラスを震わせると、幼い子どもが不安げな表情で、「おうち大丈夫だよね?」とつぶやいた。

子どもを寝かしつけた後も、万が一の事態に備え、情報の収集を続けた。居住地の自治体は情報発信が滞っており、家の周りが今どのような状況なのか、うまく把握できなかった。

ふとパソコンを開き、ツイッターを見てみた。すると、保坂さんが災害対策本部に入って来た情報を淡々と流していた。区のホームページにアクセスが集中し、パンク状態にあったため、陣頭指揮の合間に、区長自ら正確な情報の発信を行っていたのだ。

私は世田谷区民ではなかったが、このツイートを見て、大きな安堵感に包まれた。自治体のトップが同じ暴風音を聞きながら、懸命に業務にあたっている。そして、区長室に入って来た重要な情報を、いち早く流している。自分と区長室はつながっている。そんな思いを抱いた。

このような時、政治家は得てして冷静さを欠き、言葉が上滑りする傾向がある。しかし、保坂さんは、極めて淡々と、情報を流し続けていた。この人は信用できると思った。

コロナウイルスがヨーロッパで急拡大した2020年3月、ドイツのメルケル首相が行った演説が話題になった。コロナの感染者が急増し、国民に不安が広がる中、彼女は国民に向けて静かに語り掛けた。「スーパーのレジ係や商品棚の補充担当として働く人たち」に対して、「皆さんが、人々のために働いてくださり、社会生活の機能を維持してくださっていることに、感謝を申し上げます」と述べた。この言葉を聞いたドイツ国民は、首相が自分たちの生活と同じ地平に立っていることを感じ、強い連帯意識を持った。私は、このメルケル首相の姿を見た時、保坂さんを思い出した。

コロナ禍での保坂さんの仕事は、目を見張るものがあった。詳しくは第4章に譲りたいが、保坂さんの示した「世田谷モデル」が、この国のウイルス対策をけん引し、変えていくことにつながった。保坂さんの功績は非常に大きい。

一方、第1波が押し寄せる中、メディアで盛んに取り上げられたのは、大阪の吉村洋文知事の存在だった。連日テレビに出演し、営業を続けるパチンコ店の店名を公表するなど、情動面をあおる派手なパフォーマンスを繰り返したが、一方で様々な準備を怠り、第4波の際には多くの死者を出す結果に陥った。

危機の中、政治家に要求される資質は、目の前の状況に冷静に対処しつつ、先を見据えて行動を起こすことである。小池百合子東京都知事が発した「東京アラート」など、瞬間沸騰的に報道され、数カ月後には誰も口にしなくなったことを、私たちはしっかりと記憶にとどめておくべきである。

本書で、保坂さんの世田谷区長としての施策を振り返りながら、これからの日本のあり方を展望したいと思う。これはリアリズムに基づく希望の書である。今の与党とは異なる現実的な選択肢があることを示したいと思っている。本書を読んでいただいた後、「こんな政権だったら乗れる」と思ってもらえると確信している。

閉塞《へいそく》的な日本の現状に対して、もう一隻の船を出したい。

こんな政権なら乗れる　目次

図版・谷口正孝

第1章　今の野党に何が足りないのか

もう一隻の船をうかべる

中島　現状の政治的な閉塞感について、まずは考えてみたいと思います。安倍内閣の性質を、私は「馬の鼻先のニンジン」と言ってきました。安倍内閣の本質は、「成功しないことによってこそ、国民的支持獲得に成功する」というからくりだったと思います。どういうことか。

安倍内閣が長期化したのは、国民がアベノミクスに期待感を持ったからでした。安倍さんは当初、「トリクルダウン」ということを言いました。金融緩和で株価が上がるなどして富裕層が儲かれば、その富がしたたり落ちるようにして全体の経済がよくなる。そう言ってきました。しかし、結果は非正規雇用が増え、預貯金ゼロ世帯もどんどん増加しました。実質賃金も全然上がらない。庶民の暮らしは全くよくなりませんでした。「トリクルダウン」は、完全な幻想だったのです。

しかし、多くの人は「もしかしたら、もう少しすれば自分にもアベノミクスの利益が回ってくるかもしれない」「アベノミクスの雫《しずく》がしたたり落ちてくるかもしれない」と、淡い期待を抱き続けました。一部の人たちが、実際に儲かっていることを片眼で見ているからです。株価も高水準を維持している。きっと、あの利益が自分のところにも回って来るに違いない。そう思いました。しかし、そんなことは現実には起きません。常に富裕層のみが利益を得て、格差が広がるばかりでした。

安倍さんは、この幻想を選挙で巧みに使いました。安倍さんが選挙のたびに言ったのは「道半ば」という言葉です。アベノミクスは道半ばで、もう少し続ければ、国民全体に利益が付与される。そんな幻想を振りまき、多くの人の期待を維持しました。これが「馬の鼻先のニンジン」です。ポイントは、ニンジンにはいつまでも届かないからこそ、馬は走り続けるということです。「もう少し」「もう少し」と、届かないニンジンを追い続けることで、安倍内閣は維持された。アベノミクスは成功しないことによってこそ、国民的支持を獲得し続けることができたのです。

安倍内閣が末期に近づくと、さすがに多くの国民が、アベノミクスが幻想であることに気づきました。何年待っても、自分のところには利益はやってこない。一部の富裕層や大企業のみが利益を獲得し、格差は広がるばかり。安倍丸という船は、ずぶずぶと沈んで行っている。このままでは沈没する。まずい。そういう思いが共有されていきました。

しかし、国民は安倍丸の船体にしがみつきました。なぜ、沈みゆく船にしがみついたの

中島岳志

か。それは、乗り移るべきもう一隻の船が浮かんでいないからです。つまり、野党が政権交代の対象としてみなされていない。野党がしっかりともう一隻の船を浮かべ、「こっちに乗り移ったほうが、素晴らしい未来を獲得することができますよ」と説得的なヴィジョンを、実行能力とともに示すことができれば、多くの国民は「別の船」に乗り移ります。しかし、その船が見当たらない。まだ港から出航していないのです。

いま重要なのは、野党側がもう一隻の魅力的な船を出航させることです。もう一つの選択肢をしっかりと提示することです。そのためには世界観とヴィジョン、そして具体的な実行可能性が示されなければなりません。残念ながら、現在の野党は、もう一隻の船を国民に提示することができていません。だから、沈みゆく自公政権という船に、国民がしがみついている。これではまずいと理解しながら、しがみついている。オルタナティブ（選択肢）が見えないからです。

私が保坂さんに期待しているのは、保坂さんには、いまの野党にはない力があるからです。一つはヴィジョン。私は保坂さんの世界観に、とても共感しています。「いのち」の本質を見据えている稀有な政治家だと思っています。そして、もう一つが政権担当能力。保坂さんは世田谷区長を10年にわたって務めてこられた。人口92万人の大きな自治体のリーダーとして、役所の人たちを動かし、自民党や公明党の区議会議員とも議論を重ねてきた。保坂さんは、国会議員時代は社民党の所属でしたが、世田谷区長に2選・3選された選挙では、かなり多くの保守層からも安定的な支持を獲得してきた。そして、具体的な改革を粘り強く実行してきた。そのことが各方面から高く評価されています。いまでは、霞が関の役人が世田谷区の取り組みをモデルケースとして採用したり、国会の与党議員が視察に訪れたりしています。

保坂展人　朝日新聞

野党に対しては、民主党時代の「失敗」や「実行能力の欠如」について、国民から厳しい目が向けられ続けています。どんなにいいことを言っても、「結局は絵に描いた餅で、実現する能力がないのではないか」とみられています。つまり、胸を張って示すことができる実績が乏しい。しかも、民主党が政権から離れて約10年が経とうとしています。今の若い人たちは、民主党政権時代を知らない。知っていても、「マニフェストを実行できなかった政権」「失敗した政権」という印象が固着しています。それに対して保坂さんには、世田谷区で実現してきた実績があります。具体性があり、実行能力もある。この対談では、世田谷区の10年の施政を丁寧に見ながら、野党が示すべき「もう一つの選択肢」を提示したいと思います。もう一隻の船を出航させてみたいと思います。

保坂　おっしゃる通り、沈んでいるのは自公政権だけでなく野党も含めた政治全体に及んでですね。かつて小松左京さんが『日本沈没』を書きましたが、まさに日本全体が沈んでいる。コロナ禍でコントロールを失って、各所で地盤沈下が起きています。これまで日本は世界をリードする経済的位置にあり「第二の経済大国」だという、ある種のプライドが私たちにはありましたが、1997年以降、勤労者の平均賃金はほぼ下がり続け（国税庁「民間給与実態統計調査」）、OECD（経済協力開発機構）の調査では2019年の平均賃金で韓国（19位）に抜かれている（日本24位）。すでに、経済的に豊かな国とは言えなくなってきています。

安倍政権までの歴代政権は、科学技術立国を掲げてきましたが、科学技術・医療分野でノーベル賞などすばらしい成果を上げたのは一世代前の先人たちで、その継承がうまくいっていません。コロナ対策をとっても場当たり的で、戦略性も合理性もなく組織的ガバナンスもバラバラになっている。ワクチンを打つための効率よいシリンジ（注射器の筒）は韓国がどんどん作っていて、日韓関係が冷えこんでいるなかでそれをようやく輸入できるようにしたということもありました。進まないPCR検査、病床不足、空港検疫の穴……浮かんできた課題に対し確たる回答もないままで平気で半年一年放りっぱなしでおかれる。コロナ禍で日本のリアルな現状が見えやすい状況になってきました。メッキがはがれてしまったんです。

二重三重のピンチにあって、科学技術・医療分野で日本にトップレベルの水準を持つ部分はまだ残っていますが、信頼はかなり揺らいできています。沈没・沈下の身体的感覚はあっても、つぎの希望がつくりきれていない。

野党の存在感が希薄だと言われます。コロナ禍の政治をみていて、これまでの大きな企業や財界の側に重心がある政党と、勤労者や労働組合などに軸足を置いている政党という与野党の政党を切り分ける線引きが大きく変わったと思います。コロナ対策でも科学的、論理的に説明しうる世界各国が当然のようにやっている政策をなぜ、くみとらずに頑なに取り入れようとしないのか。まるで鎖国のように、過去の経験則から一歩も出ない専門家が、検査を軽視してPCR検査の拡大を拒んでいた。一方では官邸が全権を握っているかというと、情報も政策もあがってこない。「検査を拡充せよ」と首相が指示しても、うやむやになってタテ割行政の中で蜘蛛の糸にからめとられたように宙に浮いている。かつてのように先頭に飛び出して引っ張っていくような官僚はいないし、官邸は進みゆく方向がわからなくなって立ち止まっている。ここが、2019年までの与野党の在り方といまは別次元にいるんですね。そのことを野党が気づいていないのが、永田町の政治を二重に打開できない迷路に押し込めている気がします。

リスクの社会化とリベラル

中島　まったくその通りですね。そのためにも野党側の旗を立てなければいけない。もう一隻の船を出航させなければなりません。

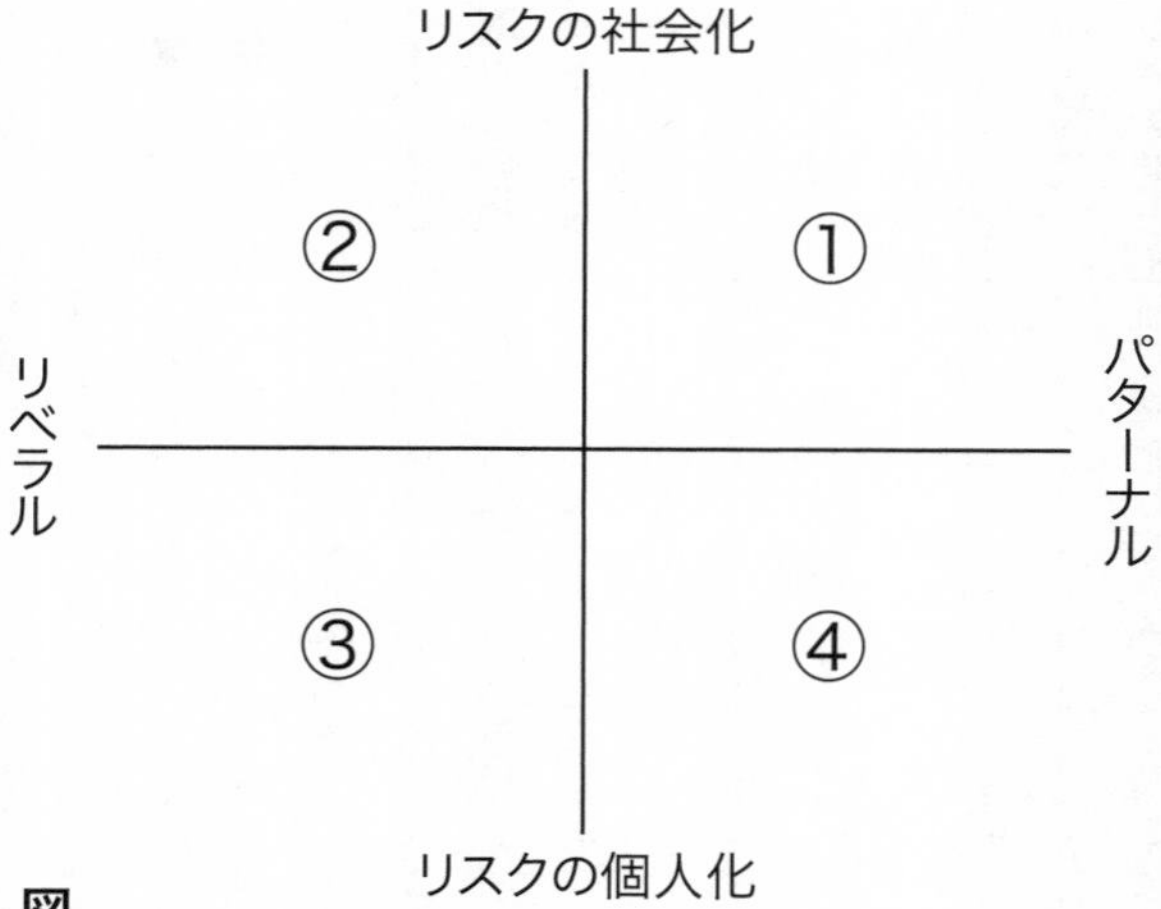

図

そこで、まずは大きな枠組みを最初に提示したいと思います。私は、かつてのような保守対革新のようなイデオロギーによる右・左の時代は終わったと思っています。それを理解するためには、政治をリスクと価値の問題を座標軸にした4象限に分けて分析してみるとわかりやすいと考えています。(図)

ひとつは「お金」の問題です。政府であれば税収と国債で集めた多くのお金を何に使うのかの配分の問題です。これを縦軸に置き、「リスクの個人化」と「リスクの社会化」という対立軸を立てました。私たちは、生きていると様々な「リスク」に直面します。例えば、突然難病を発症し、これまでの仕事を続けられなくなってしまうかもしれません。大きな交通事故にあってしまうかもしれませんし、コロナに罹《かか》って日常が一変してしまうかもしれない。

そんな「リスク」に対して「リスクの個人化」路線は、「自己責任」を強調します。様々な「リスク」に対しては、基本的に個人が対応するべきであって、政治や行政に頼るべきでない。政府は小さくあるべきで、多くのことは市場にゆだねるべきだと考えます。「官から民へ」「規制緩和」といった小泉改革は、この路線ですね。税金はあまりたくさん取らない代わりに、行政サービスも縮小する。あくまでも個人ベースで、市場の論理にのっとって対応する。そんな「小さな政府」路線が、「リスクの個人化」です。

一方、「リスクの社会化」は、セーフティーネット強化型です。「リスク」はみんなに降りかかってくるものなので、社会全体で対応する。だから、税金は高くなるかもしれないけれども、行政サービスも手厚くする。教育や福祉、医療は充実する。いわゆる「大きな政府」路線ですね。

ここで重要なのは「リスクの社会化」であって、「リスクの行政化」ではないことです。現代社会では、「リスク」に対して行政だけが対応しているのではなく、市民社会も重要なアクターとして機能しています。例えば地震が起きた時、重要な役割を果たすのがボランティアの人たちですよね。彼ら・彼女らのマンパワーがなければ、災害支援は成り立ちません。また、寄付も重要な役割を担っています。最近では、クラウドファンディングなどが規模を拡大しています。コロナ危機の中でも、自分が大切にしてきたお店を守りたいということで、様々なクラウドファンディングが立ち上がり、多くの寄付金が集まりました。このように「リスク」に対しては、「社会」が重要な役割を果たすようになっています。「リスクの社会化」は「大きな政府」だけを意味するのではなく、「大きな社会」も重要なポイントになってきます。人々が社会やコミュニティーに関与し、参加する。

保坂 これは世田谷区政を担っていて、強く感じることです。行政だけが自己完結的に社会を動かすことはできないんです。住民が区政に積極的に参加するルートを作ることが、私が区長として努めてきたポイントでした。行政と一緒に議論し、関与し、共に作り上げていく。現代民主主義において、とても重要なポイントだと思います。

中島 私も同じ考え方です。保坂さんは「リスクの個人化」と「リスクの社会化」では、明らかに「リスクの社会化」路線ですね。この路線を、住民参加という視点で進めて来られたのだと思います。

一方、横軸には「価値」の問題として、「リベラル」対「パターナル」（権威主義・父権主義）を置きました。

近代的なリベラルという価値観は、17世紀の欧州でプロテスタントとカトリックの間で起きた三十年戦争に一つの起源があるとされています。戦争はウェストファリア条約（1648年）によって和平がもたらされますが、この条約で欧州人が確認したのは、価値観で争っても解決は見いだされないということでした。大切なのはトレランス（寛容）で、あなたとわたしの価値観が違うということをまず認める。自分とは異なる価値観に寛容になる。相手の価値追求の権利を全力で護る。そのかわりに、わたしがどんな価値観をもつかの自由を保障してほしい。リベラルの核心になるのは、この自由であり、リベラリズムは自由主義と訳されます。ひとの内面の価値には他者や権力が土足で踏み入らないということです。

反対語のパターナルは、かつての父権主義のように社会に大きな力をもっている者がひとの価値に土足で介入する。たとえば、夫婦別姓の問題について、リベラルは当然認めるが、パターナルは「日本人なら同姓に決まっている」と、価値観に介入をする。ＬＧＢＴ

Qの諸権利についても「男女の愛こそが正しい愛なんだ」という価値観を強制し、同性婚を認めない。「リベラル」の反対語は、時に「保守」と理解されていますが、これは間違いです。ここでは「保守」について論じることはしませんが、「リベラル」の反対語は「パターナル」です。「リベラル」対「保守」という対立軸は正確ではありません。リベラルと保守は一体の概念だと私は考えています。

さて、このマトリクスを使って、いまの自公政権の位置づけを考えてみたいと思います。これは明らかに第4のゾーン（リスクについては自己責任的。価値観はパターナル）ですよね。現代の日本は、OECD諸国との比較でみると、明らかに「小さな政府」路線に傾斜しています。正確に言えば「小さすぎる政府」です。そして、価値の問題については、パターナルな傾向が続いています。選択的夫婦別姓は認められず、同性婚についても認められていません。

このような状況下で、野党が目指すべき路線は明確です。それは第2のゾーン（リスクを社会化する。価値観はリベラル）です。第4象限の「日本型ネオコン」の自公政権に対して、第2象限のヴィジョンを明確に示す。まずはここに「もう一隻の船」の輪郭《りんかく》があるのだと思いますが、保坂さんはどうお考えですか？

国民の中心層はネオコン政治を支持していない

保坂　与党支持者はこのマトリクスの中の第4のゾーンを強固に支持しているわけではなく、20代の若者であれば、「就職状況がそこそこはいいから」とりあえず自民党支持でいこうかとか、「今の船が不安定なのでこれ以上不安定になるよりはよい」とか、消極的選択をしてきたのだと思います。3年半ほどの民主党政権の迷走の記憶が、安倍首相時代に「悪夢のような」と何度もレッテルをはられたことで、記憶に刻まれていることもあるのですが、消去法のバランスの中で、安倍長期政権が成り立ってきた。安倍政権は第4象限に軸足を置きながら、選挙前に時々第1象限に越境しています。「同一労働・同一賃金」だったり、「幼児教育・保育の無償化」などです。

第4象限は国民に支持されているわけではないのに、第4象限の自公政権が長期化する。ここにこそ、野党が切り込んでいくべき重要なポイントがあると思います。自公政権のパターナルな姿勢は、2021年の初めに政治問題化した森喜朗元首相の「女性蔑視発言」に典型的に現れていますね。森さんは東京五輪・パラリンピック大会組織委員会の会長を務めていたのですが、日本オリンピック委員会（JOC）臨時評議員会で「女性理事を選ぶっていうのは、文科省がうるさく言うんです。だけど、女性がたくさん入っている理事会は時間がかかります」と発言しました。もちろん「女性は話が長い」という偏見に基づいた発言は大問題ですが、それ以上に「みなさんはわきまえていらっしゃるので会議がスムーズだが、わきまえていない女性がいる」という趣旨の発言が問題であり、人々の気持ちを揺さぶったのではないかと思います。

オレがボスなんだ。会議なんて結論は予め決まっていて、参加者は身の程をわきまえてうなずいてくれていればよいのだと、いわば昭和のオヤジ的な、それこそパターナルな発言です。このような会議では本質的で建設的な議論など成立しません。最初から結論が決まっている予定調和そのものです。長いこと日本社会に根ざしていた森さん的な権威主義・ボス支配にヒビが入り、パターナルな社会が瓦解しようとしているというのが、森さんの辞任に至った時代背景ではないかと思います。国民はパターナルな価値観を好んでいるわけでも、支持しているわけでもない。ここは重要なポイントですね。

自民党は、政党組織というより、日本社会の縮図です。都道府県から市町村までの地域社会や業界など昭和の時代から続く大小とりまぜた諸団体が、神経細胞のようにネットワークに支えられて存在し続けてきました。そこに「異議なし！」満場一致をよしとするパターナルな構造が温存され、上意下達の企業や組織運営の価値観に反映されてきました。この組織風土と文化が経年劣化して亀裂を深め、作動しない状態に入ってきた。逆にいえば、人々は「わきまえろ」というような上から目線のもの言いにもう振り回されないよと言いだした。

ところがです。2021年2月、予算審議の全般、とくにコロナ対策について議論する衆院予算委員会の公聴会に参考人として呼ばれたんですが、驚いたのが委員を見渡しても、約50人中女性は2人ほどしか見えない。わずか4%です。女性の登用が少ないのは野党も同じです。そして、野党の党内決定プロセスを見ていても、上からの指示や方針でものごとを進めている。密室あるいは個人の頭の中で、ものごとが決まる。なにか与野党の差異が見当たらないんですね。違いと言えば、「昭和のオジサン」と「平成のオジサン」ぐらいでしょうか。パターナルな姿勢を批判しているはずの野党が、パターナルな意思決定を脱けだしていない。そんなことでは、説得力もない。リベラル側の布陣を整えるには要は人事しかないと思っています。人事によって、ジェンダー平等にしても多様性にしても現実の姿を示さなければ説得力がありません。ここには政党のつくる未来のイメージが投影されていきます。国民は、このあたりをよく見ています。

要するに、第4象限がいま崩れてきているのに、オルタナティブな船の姿が見えない。第2象限に、現実的な選択肢が示されていない。ここが野党の問題点ですね。

中島 日本の中心層が第4象限を支持しているわけではないというところが重要なポイントです。じつは第4のゾーンはそんなにボリュームはない。ここはネオコン的なゾーンですが、日本国民全体がネオコン化しているかというと、データを総合的に見ても、そんなことは言えません。むしろ各種世論調査からは、第2のゾーンを日本のゆるやかな庶民層が支持していることが見えてきます。そこを野党側はつかまえることができていないんです。

よく選挙の界隈で「2・5・3の法則」といわれるのですが、2割は選挙では野党に必ず投票する層、5割は無党派層で選挙にあまり行かない選択をする人が多い。3割は与党にいれる層。安倍政権は選挙で低投票率に持ちこんで3対2で勝つというパターンを繰り返してきました。つまり無党派の5割が選挙に行かず、低投票率になれば、必然的に与党が固定票によって勝利を収めるという形を築いてきた。

これと真逆な選挙を行ったのが小泉純一郎さんで、もともと自民党内の基盤が弱い彼は、自民党を批判することで3割の一部を敵に回し、投票率を上げて5割の無党派層の票を獲得した。郵政民営化に象徴されていますが、３割の自民党支持者を「既得権益」として批判することで無党派層の関心を喚起し、投票率を上げた。これまであまり投票に行かなかった層や、浮動票を獲得することで、選挙に勝った。自民党の中では非常に珍しい選挙の闘い方をした人です。

野党側が勝つためには、固定票になっている左派的な層にだけメッセージを投げていては絶対勝てない。５割の層を取らないといけない。そのための絶対的条件は投票率を上げることです。５割の層は必ずしも自公政権に強く満足しているわけではありません。むしろコロナ対策では、憤りや不満を強めています。この層に、どうしたら振り向いてもらえるか。選挙に行き、野党に投票してもらえるか。ここが政権交代の最大のポイントです。

よくいまの菅政権は２００９年の麻生政権に似てきたといわれます。リーマンショックで格差の問題が起き内閣支持率が急落して追い込まれ解散した。確かに外見は似ているようだけれど、まったく違うと私は思っています。何が違うかというと、政党支持率です。麻生内閣の支持率が下がった時に民主党と自民党の支持率は大きく逆転し、無党派層は民主党に期待した。ところが、菅内閣では自民党と立憲民主党の支持率は3倍あまりの開きがずっとあります。自公政権の支持率は30％台に下がりますが、立憲民主党の政党支持率がまったく上がらない。政権への不満が蓄積されながら、その思いが野党支持につながっていない。

立憲民主党は確かに第2のゾーンの方向性を出していますが、欠けているのは世界観と、「任せて大丈夫なのか」という実行可能性。実績や経験といった実行能力に対して不安に思っている。その点、保坂さんは立憲民主党にないものを持っていると思います。あとで語っていただきますが、保坂さんの世界観は重要だし、何より世田谷区政を10年やってきた。そして大きな支持を得ている。革新にとどまらず小選挙区では自民党に投票する人たちも信頼し支持している。その観点から保坂さんは立憲民主党などをどう見ているんでしょう。

前原国交大臣による八ッ場ダム視察（2009年）　朝日新聞

マニフェスト政治の問題

保坂　どうしても、中心メンバーの顔ぶれから民主党政権を思い起こします。私は2009年の総選挙で政権交代が実現して民主・社民・国民新（民社国）連立政権ができた時に杉並区で11万6000票を取りながら、石原伸晃さんに及ばず、国会を去っています。ただ社民党の側から政権交代に向けての環境整備をウラで行いました。

政権交代の直後、二つのことで「この政権はうまくいかないな」と強く予感しました。まず、「八ッ場ダム建設中止」でした。「なぜ八ッ場ダム建設を止めるのか」と問われて前原誠司・国土交通大臣は「民主党のマニフェストに書いてあるから」と答えた。この短いやり取りで、私にはまるで未来を示す予知夢のように「八ッ場ダム」が中止どころか、最後には自民党と同じ結論になることが全部見えたんですね。政治的予見には確信を持ちました。私ならいったん工事を中断し、地元地権者や群馬県、国土交通省などで工事を続けることも含めて集中討議した。

その討議の期間中は、工事を一時止めることから始めたと思う。もしほんとうに工事を止めるなら、着工までの長い長い年月の間にたくさんの事業者がかかわってきたことをどうするか。「全部なくなったから」ではもたないでしょう。こういうことにまったく準備

加藤紘一（1939〜2016）朝日新聞

しないで「止める」と言って、あげく一転して、予測通りに工事続行になりましたよね。

しかも、工事日程は何の影響も受けなかった。前原大臣が中止したのは『ダム本体工事』だけで、周辺の関連工事ではない」というダム官僚の詭弁がまかり通ってしまった。ダム工事のほとんどが、本体工事以外の関連工事だったんです。政策の進め方がトップダウンで、パターナルなのです。地元の人たちの複雑な事情や歴史的経緯、工事関係者の経営状況を無視している。まずはしっかりと対話し、意見を聞かなければなりません。

小沢一郎衆議院議員　朝日新聞

私は1996年に初当選し、自民、社会（社民）、さきがけ（自社さ）政権の第二次橋本内閣で政権入りしたのですが、私もメンバーとなった国家公務員倫理法の制定など与党の立法プロジェクトチームの人数配分に智恵がこらしてあった。政策決定は自民3人、社民2人、さきがけ1人にして多数決では決まらない。加藤紘一幹事長がわざとそうしたのですが、これが自民党の姿勢だったわけです。
それ以前の非自民連立政権（1993～94年の

細川、羽田内閣）では、小沢一郎さんが強権的に上意下達のまさにパターナルな手法でさんざんかき回したわけですが、これに対して自民党は政権を失うことで意見を積み上げることを学んだんですね。「自社さ政権」は、小沢氏の政治手法への反発が、ひとつの結集軸となった。ところが、残念な事に民主党と国民新党、社民党の連立政権ができたときに、そのことを知る人がほとんどいなかった。民主党の中の菅直人さんなど旧さきがけ出身者と亀井静香さんなどがいたくらい。民主党は小選挙区制のおかげで衆議院では大きく議席を占めましたが、参議院では不十分だった。衆議院での圧倒的多数をとったあとの連立だった面があり、パートナーの政党を軽視していた。もともと、民主党は社民や国民新がいることが、わずらわしいという感覚があり、メディアも連立内不協和音を書き立てた。だから、最大政党の多数決では政策を決めないルールを取り入れられなかった。結果的に1年足らずで沖縄問題で社民党は政権離脱をしてしまった。

中島　いまの話を伺っていて2009年当時、わたしがマニフェスト政治を強く批判していたのを思い出しました。民主党は自分たちのマニフェストを「国民との契約である」と言っていた。そんなわけないというのがわたしの主張でした。本来のマニフェストと大きく異なることが気になったんです。英語のマニフェストにはmanifestoとmanifestの二つがあって、語尾にoがつくのは例えば『共産党宣言』のような形で使われ、何か大きな理念を掲げるようなことばです。子音のtで終わる方は船の積み荷リストのことです。わたしはインドに住んでいたことがありますが、そのときコンテナを見たら「manifest」と書いた紙がペタッと貼ってあって、労働組合のビラか何かと思ったら積み荷のリストだったんです。それで覚えた単語です。

民主党のマニフェストはまさにこの積み荷リストになっていた。百数十のやりたいことがずらずらと書かれているだけではダメです。まずはどのような社会を作りたいのかというヴィジョンと世界観を提示しないといけない。しかし、政策が羅列してあって、「これが国民との契約書だ」という話になっていた。これは本来のマニフェストとは大きく異なるものです。こんなことでは、うまくいくはずがないと批判しました。

民主党のマニフェスト政治の危うさについて考えるとき、二十世紀を代表する政治学者である英国のマイケル・オークショットの議論が参考になります。彼は、政治においてはテクニカル・ナレッジ（技術的な知）とプラクティカル・ナレッジ（実践的な知）があると言います。実際の政治において重要なのはプラクティカル・ナレッジだけれども、どうしても近代の政治はテクニカル・ナレッジの方に傾斜している。政策工学に力を注ぐあまり、合意形成の実践知を軽視してきた。これが間違いであり、設計的な左派の政治家は、テクニカル・ナレッジに陥りがちだと批判しました。人々が交わり、異なる意見を調整していく経験値が重視されず、正しい政策を提示すれば、正しい政治が行われるという単純な思考が共有されていった。これでは政治の本質が理解されていない。オークショットは、そう批判したのです。

民主党のマニフェストは、テクニカル・ナレッジの集積ですよね。プラクティカル・ナレッジが軽視されている。保坂さんがおっしゃったように、多数決で決まらないシステムを導入することで連立を維持した加藤紘一さんのような英知が欠落していたんです。その結果、八ッ場ダムのようなことが起こり、「民主党は国民との契約であるマニフェストを守れない」と批判された。これが現在まで続く、野党に対する国民からの根強い不満・不信につながっているんです。マニフェスト政治の失敗の傷跡は、非常に大きいと思います。

これに対して、保坂さんは明らかにプラクティカル・ナレッジの政治家ですね。

野党は役割を果たせていない

保坂　私にとって、自社さ政権の与党の1年半間足らずの経験が、その後の長い野党生活にたいへん役に立っているんです。合意形成のプロセスで最大公約数を探りながら立法する際や、委員会の審議をまとめる際に、経験知として機能しました。

二十数年まえのことですが、当時の自民党は野党の言うこともかなり聞き、政策を取り入れていました。立法府のなかで政権を委ねられた与党の態度として、たとえば竹下登さんは「国会運営上も野党の主張をとりこむことは必要だとして、「社会党の言っていることを3年遅れくらいにやっていれば、だいたいうまくいく」と語っていました。

経済成長期でいまと時代背景は違いますが、それにしても権力にある者は謙抑的であれという姿勢は共有されていました。自らは万能ではないし、気づかないこともある。自民党の若手や野党の主張でも、対話を繰り返し、柔軟に取り入れていた。

これに対し、民主党政権時代は国家戦略局をつくり、政策決定を集約して上意下達のトップダウンにしようとしました。さらに問題があったのは、幹事長になった小沢一郎さんの手法です。与党に対しては国会議員を通して様々な要望や陳情がありますが、その窓口を幹事長室に一元化した。あらゆる国民が国会議員を通して各省庁にアクセスするのは、幹事長室を通さないと許されないことになりました。一挙にハードルがあがりました。自民党政権時代にはなかったことです。政治手法が極めてパターナルになった。

私は超党派の公共事業チェック議員の会の事務局長をしていたのですが、ダムや空港建設などについて、毎年、何回か国土交通省の局長や審議官たちを訪ねて、現地で市民運動を続ける住民たちの声を伝えレスポンスを得ていたのです。ところが、民主党政権になった途端に民主党議員すら自由に会えなくなったんですね。

八ッ場ダムについても前原さんだけの責任ではない。八ッ場ダムをどうするかとなったときに、私が抱いた危惧は多くの人たちが共有していました。何とかして、前原大臣にその声を届けたいという人は多く、河川の専門家とか住民運動の人たちのさまざまな新しい知見を携えて新しい政権を支えようとしても、すべて民主党政権のつくったシステムにはねられました。結局は河川局の選んだ有識者に囲まれて、先ほど触れた詭弁がまかり通った。前原大臣が言った工事中止とは、ダムサイトの水を堰《せ》き止める本体部分のことであって他の部分は続行してよいのだと。トップダウンの決定を行い、丁寧な議論を軽視した結果、最終的に既得権益勢力にからめとられていった。そして、マニフェストが実行できず、信頼を喪失していった。民主党政権のテクニカル・ナレッジへの傾斜とトップダウンのパターナリズムを、しっかり総括し、反省しなければいけませんね。このような体質が、今でも立憲民主党の方針決定に引き継がれてはいないかという危惧を抱きます。

中島　そうですね。私が自民党の中で尊敬する政治家に大平正芳さんがいますが、彼は「政治は60点」と言っています。並の政治家は60点くらいがほどほどだろうと言いますが、大平さんは60点じゃないとダメなんだと考えていました。100点を取る政治というのはそこに過信が含まれている。絶えず自分は間違っているのではないか、そういう姿勢で他の意見を聞き、「なるほど」と思えば、取り入れていく。それが与党側からみれば60点だと。そのバランスが政治には大切なんですね。大平さんのそれはいわば積極的60点論です。

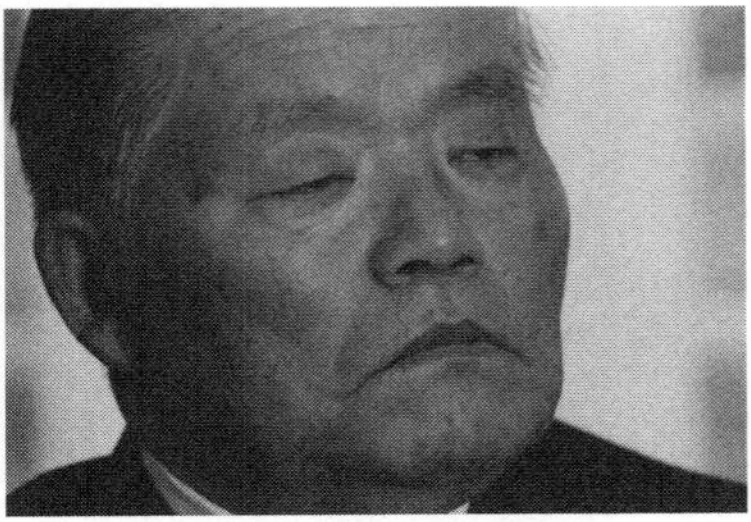
大平正芳（1910～1980）　朝日新聞

安倍内閣も菅内閣もまったくそれを欠いていますが、民主党の鳩山政権が短命で終わった最大の要因は、社民党と連立が成熟したかたちでうまく組めなかったことがあると思います。少数政党なのに、自分たちの決定に従ってくれず、異論をぶつけてくる。これが邪魔に思えたんですね。

日本は小選挙区比例代表並立制をとっているので、政権は連立にならざるをえない。その点を現在の政権はよく理解していて、自民党は公明党と成熟した関係を保っています。鳩山内閣は社民党をないがしろにしたことで政権から離脱させてしまい、最終的には辺野古基地移転問題でダメージを受けるわけですが、単なる社民党問題というより実は政治の本質にかかわる問題だったのだと思います。

保坂 自社さ政権は、90年代の半ばに小沢さんの暴走で羽田内閣が短命に終わったあと、総選挙を経ずして権力が交代し、誰もが驚いた自社の連立にさきがけが加わって、自社さ政権となり、村山内閣ができたわけですが、連立は4年ほども続きました。ガラス細工のような政権であったために、維持するための工夫や知恵があったと思います。

じつは世田谷区長をしてきた10年を振り返ってみて、安倍政権となってからも、国政の自民党はここ一番というときに私の政策を丸のみにしています。たとえば待機児童の問題ですが、これが深刻なのは東京の23区ですね。園庭のある保育園を作るには1千平方メートルの敷地が必要ですが、元農家とか土地を駐車場に貸している人とかにお願いするにも、アパートだと6分の1の固定資産税の減免がありますが、保育園だとそれがない。そのことを当時の塩崎恭久厚労大臣にぶつけたら数カ月にして非課税になりました。こうしたことが一つや二つではなかった。その通りだと理解すると、しっかりと受け入れる。ここが自民党の偉いところです。

この間、民主党、民進党さらに立憲民主党と変化したわけですが、世田谷区の政策を聞いたり、施設見学等はしてくれたりしても、自分たちの政策に取り入れようとする試みは、残念ながら実っていない。世田谷区の取り組みに注目し、国全体の政策の参考にしようとしてきたのは、自民党関係者や官僚の人たちです。政権党ではない野党は、自治体や市民、科学者など、自分たちのネットワークの中から提言をうけつつ、ボトムアップ型で政策をバージョンアップしていく柔軟な組織でなければなりません。もはや上意下達の昭和的な手法は破綻しているのです。自治体の現場の声をよく聞き、そこでの成功事例を国政に反映し、新しいリアリティのある選択肢を打ち出す。すでに政権与党の混乱や失敗には多くの批判や疑問も寄せられています。しかし、野党が失敗や失策を単に追及し、批判するだけでは支持は集まらない。どうしたらいいのかという選択肢を示すべきです。これができなければ、野党はやせ細るばかりです。野党が野党としての役割を果たし切れていない。そこが国民に見えてしまっており、「野党は反対ばかり」と言われる要因になっています。

世田谷区長として実務に直面しながら、いつももどかしい思いをもって、野党の動きを見てきました。

NOで政治は変えられない

中島　これまでの話は、保坂さんが掲げられてきた「NOで政治は変えられない」という主張と密接にかかわると思います。わたし自身が反省することがあります。それは大阪維新の会の大阪都構想についてです。わたしは大阪の朝日放送で夕方の番組に毎週出演し、反対派の学者として橋下徹さん批判をしていました。そこで痛感したのは、NOを突きつけるだけでは政治は変えられないということです。大阪都構想はおかしい。そのことは自信をもって言える。「都構想YESかNOか」の住民投票では、なんとか都構想を阻止できましたが、それだけでは大阪維新の会のパワーを食い止めることはできません。それに代わるヴィジョンやデザインを示さなくては、支持を得ることはできません。「じゃあ、もっといい大阪の未来を見せてほしい」ということに対し

橋下徹氏　朝日新聞

て、対抗勢力はちゃんと答えないと、NOだけでは人は動かないのです。

それに対して保坂さんは『NO!で政治は変えられない』(ロッキング・オン・2019年)という本も出され、世田谷区長選では「せたがやYES!」を掲げられましたが、さらに「安倍政治NO!」をNGワードにしたんですよね。さすがだなあと思いました。

保坂　「せたがやYES!」のマークは2回目の区長選挙の時に作ったんですね。私の支援者には立憲民主党とか、いわゆる革新系を推している人たち、無党派であっても安倍政権はとんでもないと批判的な人たちがいます。だから、選挙を戦っていると、支援者の声は「安倍政治NO!」へと吸い寄せられていきます。

私自身、特定秘密保護法とか安保法制とか反対ですよ。でも、区政の運営にあたっては、私は与党支持者であれ誰であれ、世田谷区民の声を等しく聞いてきたんですね。自民党・公明党に投票する人の中にも、私を応援し投票する人たちが明らかに大勢いました。先に言われた「2・5・3の法則」からいえば、わたしは野党支持者の2を固め次に無党派層から5も相当取っ

せたがやYES!のマーク

て、さらに自公の与党支持層の3からも半分いただくという絵を描いて選挙を戦い、現実に出口調査でもその通り与党票の半分を獲得したことがわかります。選挙の多数を形成するために、あえて「安倍政治NO!」の旗印で狭める必要はない。そういう側面もありました。

しかし、それだけではない。安倍政権・菅政権は許せないと言えば言うほど、たとえば同じレベルでの論議の応酬になっているんです。国会での証言が嘘か真実か、誰が見ても嘘やゴマカシが横行していますが、「嘘つき!」と追及してものらりくらりと終始するような、低いレベルの残念な政治の現状に取りこまれてしまう。もちろん、不正や不祥事には、きちんと違う!といわなければならないですよ。だが、批判を加えた上で、これからこういう社会を作るんだよということの方が、強く輝いていなければ魅力がない。なぜ安倍政権が国政選挙で連戦連勝できたのかといえば、やっぱり野党は否定形だったからです。「安倍政治はダメである」と。これに対し、安倍政権は、トリクルダウンとかアベノミクスとか結果として日本のあり方を歪めた面はありますが、景気をよくしますよとか就職率アップとか、さらに野党の主張を根こそぎ取ってきて、格差の解消、社会的貧困対策、幼児教育・保育の無償化などのメニューを並べる。どちらが強いかといえば、たとえ全部信じられないとしても、前向きの未来が開けると思える方がいいですよね。「NOで政治は変えられない」は、社会活動家のナオミ・クラインも似たタイトルの本を出していますが、(『NOでは足らない』)、わたしの言う「YES」とは文脈がちょっと違うものの、同じようなところにたどりついていると思いました。

中島　「NOで政治は変えられない」は保坂さんご自身の生き方と大きく関わっているのだと思います。保坂さんは千代田区立麹町中学時代にベトナム反戦のデモに参加、それを中学側が咎《とが》め、卒業式に出さないなどの妨害を受け、不利な内申書を書かれて高校進学の道を絶たれました。覚悟を決めて裁判を起こすのですね(麹町中学校内申書事件)。それから、NOをつきつけるいろいろな活動をしていくわけですが、やがて現状否定みたいなものに嫌気がさしてくる。NOが自分のアイデンティティーでよいのかと。保坂さんの転換点は20代半ばでの歌手の喜納昌吉

喜納昌吉氏　朝日新聞

さんとの出会いだったのだと思います。著書（『脱原発区長はなぜ得票率67％で再選されたのか？』（ロッキング・オン・2016年））で、こう書かれていますね。

《沖縄の音楽にふれ、信仰を学び、死者と生者の分け隔てのないニライカナイの世界観を知ります。はっきりと今でも覚えています。1978年、那覇市民会館の喜納さんのコンサートで、白髪の老女がステージに飛び乗り、軽妙にカチャーシーを踊る姿を見て、私の身体の中で凍てついていた何かが溶けだしました。「NO」で囲われた氷点下の箱の中に封じ込めてきた感情が噴き出して、滂沱《ぼうだ》の涙が頬を伝いました。／私の心の奥底で「YES」が芽吹いたのが、この時でした。疑うことなく素朴に「いいなあ、このひとときは」と思いました。いったん「NO」の一部を溶かしはじめた肯定の力は、血のたぎりにも似て私自身の心を温めてくれました。これまで、何かに期待しては裏切られ、誰かに注文をつけては満足できずに不愉快になり、という悪循環にはまっていたかもと気づきました。》

この辺りに保坂さんの世田谷区政に繋がる重要な原点があるのではと思うのですが。

保坂　60年代後半の全共闘、カウンターカルチャーの流れは、反権力・反体制・反家族主義……と、あらゆることにＮＯが基調だったですね。私自身、政治・信条に関わることだけを内申書に書かれて高校進学の道を塞がれ定時制高校に行き友だちを得るなどしましたが、受験していい大学に入り就職するというステップアップの階段からポーンと放り出された。自分から外れたという面もありますが。それは孤独で厳しい道でした。中学生だった自分をそんな行動に駆り立てた学生運動が一斉に退潮するんですね。学生同士が殺しあう内ゲバを繰り返し、極端な暴力が連合赤軍事件を引き起こしたりしました。この時、学生運動に深く絶望しました。これでは社会を変えることはできないなと。

そんな中、10代の後半から20歳頃まで、否定に否定を重ねていく苦行にも似た果てしない観念の作業に入っていきました。このころに読んでいたのが魯迅《ろじん》の雑感文です。彼の一節一節が心に刺さりました。ことばとは何か。自分が話したり書いたりしているものはすべて借り物だ。自分の内側から湧き起っている自分のことばではなかったんだと。

親しい友だちを山で亡くしたりした経験もありまして、沖縄にいったときに埋葬されている死者の骨を洗う洗骨の行事に出合いました。大きな亀甲墓《きっこうばか》を開け、ユタという霊媒者を媒介にして死者と話し、ご馳走食べながら語らい、死者に近況を伝えていく、最後に皆で踊るんです。生と死は垂直に引き裂かれていて、死んだら暗黒の闇に落ちてしまうように思っていたのが、どうも沖縄では違う。沖縄にニライカナイということばがありますが、寄せては返す波のように生と死が水平に繋がっている。その世界観が共有されているからこそ、軽やかに踊っているんだなと。死んだ方たちとこの世の者たちが、つながって生きてゆく、そういう死生観に衝撃を受けました。

先ほど紹介してくれた本に書いたことですが、エレキギターをかき鳴らしてロックと沖縄の民謡を融合させた喜納昌吉さんのコンサートで、おばあちゃんがステージに飛び乗って踊り出し、若い人たちも照れながらも前に繰り出していくのを見て、これっていいなあと思いました。身にまとってきた鉄のヨロイが外れて、内側から突きあげてくる感情に揺さぶられました。孤立をいとわず、自ら望んで観念の世界に籠って、否定のバネで生きてきた政治少年が、自己防衛のために凍らせていた感情とか涙とかが一気に溶けた瞬間でした。

当時を知る人に聞くと、別人のように明るくなって沖縄から返ってきたといいます。すると、私のところに思いがけない依頼がやって来るようになりました。『明星』とか『セブンティーン』など、これまでは考えてもみなかったポピュラーな雑誌から執筆の依頼が来たんです。そこには100万、150万という読者がいます。狭い運動の論理ではなく、多くの子どもたちのリアリティと向き合うことになった。これが大きな転換点でしたね。

中島　ある種の硬直的な革新から、生活世界に敬意を払うようなリベラル保守への保坂さんの転換点だったと思います。保坂さんを「保守」という政治学者は、私ぐらいなものだと思いますが（笑）。私からみれば保坂さんこそ王道の保守で、むしろ安倍さんの方が「革新」的に見えます。

保坂さんが重視しているのは死者という問題です。私は死者という概念がないかぎり立憲民主主義は成立しないと考えています。政治や憲法学が大きな課題としてきたのが、「民主」と「立憲」のぶつかる瞬間です。民主主義はものごとを生きている人間の過半数で決める仕組みです。しかし、「立憲」は如何に過半数の人間が支持しても、やってはならないことがあるという命令を下します。

たとえば、過半数の人間が言論の自由は一定程度制限してもよいとか、三権分立を揺るがしてもよいという意見を支持したとしても、それはダメだとして却下するのが憲法です。

民主的な決定でも、憲法がそれを拒否することがあります。これが、「民主」と「立憲」の緊張関係という問題です。

「民主」と「立憲」の何が対立してきたかというと、それは主語です。民主は生者が主語ですよね。生者の投票によって、様々な決定がなされていくシステムです。それに対して、「立憲」は主語が死者なんです。亡くなった人たちが過去にさまざまな失敗をしてきて、だからこうしてはまずいですよと未来に対して神託をしているのが憲法です。多くの死者たちが、言論の自由を抑圧するとひどいことになるということを経験してきたがゆえに、憲法で未来を縛っているのです。「立憲」とは死者による制約である。とするならば、真の民主主義は、死者とともに生きていることの中に存在している。いまの自分たちで勝手に変えてはいけないことがたくさんある。死者の経験値を、現在に生かしていかなければならない。いわば「死者の民主主義」です。このあたりが保坂さんに色濃く表れていると思います。そして、これが漸進的な改革の問題に繋がっていくと思っています。

漸進的な、5%の改革

中島　ほんとうの革新主義者だったら世田谷区長になった途端に「区政をガラッと変えま

す」と設計的なもの言いをしたでしょう。しかし、興味深かったのは保坂さんが2011年最初に区長に就任した時に「5%だけ変えます」として、それ以外は踏襲すると表明されたことです。

保坂　官庁の中でいちばん頭が固いといわれる法務省ですが、長年の間、衆議院法務委員会に所属していました。1988年のビルマ学生運動の中心にいた人々や、ロヒンギャの若者とか多くの当事者に会って、入管施設内の改善、仮放免の要請、難民申請、また、受刑者のいる刑務所の中のルールなどの制度改正に深く関わってきました。もっとも融通がきかずに、変わりにくいところに根気強く働きかけて変えてきました。5%という相場観は、そういう規則ががんじがらめで変わらない典型のようなところでも、5%ぐらいのすき間なら何とか努力すれば変えられるという体感的な実感です。

民主党政権は一気に変えようとしすぎて、マニフェスト破産とでもいうべき状況になりました。言ったことがことごとくひっくり返り、これはウソつきだとなった。出来もしないことを言ってしまった罪は大きいわけです。やりたいことと・出来ることは峻別しなければいけません。一歩一歩時間をかけながら、螺旋《らせん》階段を上っていくようにやっていかなければ、現実を変えることはできません。しかし、1年で5%変えることができれば、その変化の割合が複利計算で拡大して、何年か後には2割、3割となっていきます。結果的に、時間をかけることで大きな改革ができるのです。

また、自治体というのは、法定化された制度内で同じ業務を続けていく部分が相当あります。継続性の中に大切なものがあり、いきなり変えられない部分も多い。しかし変化を拒んで100%変えないのでは水は流れないわけで、5%は変える。池の水も少しずつでも替えていけば清らかさを保てるだろうと。だから、ただの思いつきではないんですよ。

ところがこの「5%」発言が意外と大きな反響がありましたね。何が始まるかと戦々恐々とした区の幹部職員たちが「5%だったんですね」と、安心したとの声もありましたが、熱心に支援してくれてきた人たちの中には、「ずいぶんケチだな、95%変えるんじゃないのか」などと。こんな二つの反応を見ましたね（笑）。

中島　そんな保坂さんに、保守のわたしは共感します。近代保守思想の原点は、エドモンド・バークのフランス革命批判にあるとされます。彼はアイルランド出身のイギリスの政治家ですが、『フランス革命についての省察』という本を書いて、同時代のフランス革命を厳しく批判しました。

彼はフランス革命を担っている人たちの人間観に問題があると言うのですね。革命家たちは、自分たちの能力によって一気に世界を反転させユートピア世界を作れると思っている。しかし、人間は間違いやすい動物ではないのか。どんな優れた人だってほころびがあり、世界全体を正しく把握できず、その見解や構想には誤認や間違いが含まれている。そういう不完全な人間が構成する社会は、どうしても不完全な社会になる。とすれば、完成された人間が完成された設計図で、完成された社会を作れるというモデル自体が成り立たないのではないか。人間の能力に対する過信に満ち溢れているのではないか。不完全な人間ができることは、グラジュアル（漸進的、段階的）な改革でしかない。

保守は人間を間違いやすい不完全な存在であると思っているので、どの時代でもどの時間軸でもクライマックスを置かないんですね。保守が右翼と違うのは、復古ではないところです。イスラム原理主義のようなのではない。昔に戻れという立場を保守は取らない。昔の社会にも人間にも問題があるからです。また、進歩主義という立場も取らない。未来においても人間は不完全なまま推移していくしかないからです。そういう積極的諦念を持っています。

現在の人間もやはり同じく不完全だから、何も変えないという反動とも違う。大切なものを守るためには何をどう変えていくか、バークは「リフォーム トゥ コンサーブ」と言っていますが、漸進的改革ですね。大切なものを守るためには変わっていかなければならないという精神です。一気に変革するのでなく、小刻みに時間をかけて丁寧に変えてゆくというのが、保守の考え方です。そして、歴史の風雪に堪えて残ってきた庶民の経験値や良識を大切にする。制度や慣習の中に息づく暗黙知を大切にしながら、時代の変化に即して変えていく。

保坂さんの言い方でいえば、ないもの探しでなく、あるもの探しをする。その中からどういうふうにリフォームするのか。これが保坂さんの発想であり、そのためには時間とコストがかかる。グレート・リセットと言っていた橋下徹さんのような方のほうが、よほど革新的だと思うんです。保坂さんこそある意味、正統なリベラル保守だと、私は思っています。

保坂　この10年間、世田谷区の行政をあずかる中でさまざまな難題がありましたが、区長選に出ることに対するバネになったのは下北沢の再開発問題。道路問題を含む小田急線の連続立体交差事業でした。

後の章でじっくり論じたいと思いますが、計画では下北沢の街を大きな道路が貫いてしまうことになっている。従来の計画では高層ビルが林立するつまらない街になってしまいかねませんでした。当時、再開発計画に反発した、映画や音楽、文化を愛する下北好きの商店主や若者たちの大きな反対運動が起きた。

当時の世田谷区は私の前の区長（熊本哲之区長）時代でしたが、パターナルな対応に終始していました。これだけ大きな再開発計画に対して商店街振興組合の会長と町内会長の10人前後の人たちにしか最新情報を与えず、ほかの人たちはアクセスできない。住民参加の機会であるはずの説明会も怒号が飛び交い2時間で終わってしまいました。それで裁判になり、この対立の中で再開発の「見直し」を目指す人たちが、私に区長選に出るよう促した。東日本大震災直後の原発事故の衝撃とあいまってこれが区長選に出る一つのきっかけになりました。

区長になってみて大変だったのは、区役所の中で再開発の見直しを志向していたのは、とりあえず、私一人だけだったということです。そこで考えたのは、まずだれもがそうだと感じる部分から漸進的に手を付けていこうと。5%の改革と言ってもよいでしょう。

私が着目したのは小田急線地下化の後の線路跡地でした。東日本大震災の後だったので防災倉庫と、街に潤いを与える緑が足りないということで、前の区長の代に決めた計画を見直しました。小田急線が地下に潜ると、かつて線路だった幅20メートル、延長約2キロほどの帯状の空間ができ、ここをどう使うかということであれば、利害関係者は少なくなります。この場の利活用をテーマに、市民参加型の北沢デザイン会議を大小百数十回しました。これまで対立の時代が続いてきたので、話し合いも簡単ではありませんでした。それでも粘り強く対話を進めていき、その中でかつて反対の先頭に立っていた人たちの提案も入れていくわけですね。たとえば「駅の出口付近のこんな狭いところでは込み合って待ち合わせもできないのでもっと広くできないか」とか「広場で休日はイベントが開催できないだろうか」等の提案を一部うけいれていくのですね。

最終的に大きく流れが変わったのは区政2期目の選挙のとき。東京都に対し、10年以内に道路をつくるという優先整備路線から、すでに事業を始めている駅周辺で進行中の1期工事をのぞく区間を取り下げたんです。2期・3期の計画は残っているんですよ。しかし、東京都の優先整備路線から外したことで、工事はすぐには進まないということになった。すると住民側からの裁判が取り下げになり、実質的に和解しました。

ここから再開発への賛否を問わない立場を超えたラウンドテーブルが機能するようになりました。たとえば3年前には反対派の中心だった方が「駅にピアノを置きたい」と提案し、実際に小田急線の駅に置いたら、予想以上に良いプロジェクトとなり、大きな反響がありました。そういうふうに実質上の対立を解消しながら、小田急電鉄も建築家・都市プランナーら専門家も参加するシンポジウム・ワークショップを繰り返しました。そこに市民が加わった。

みなさんの議論がどういう街を望んでいるのかを聞き、議論しました。「いったい下北らしさって何だろう」と。そして最終的に小田急電鉄の社長が「シモキタらしく。」というキャッチフレーズを大きく出してプレゼンテーションして事業プランを発表したんですね。たとえば全部木造二階建てでの箱根からお湯を持ってくる和風温泉旅館ができたり、スタートアップ事業を支援するガレージが立ち並ぶ空間「ボーナストラック」を作ったり。〝若者の街〟下北沢に新しい要素を投げ込むような施設群を構想してくれた。どこにもあるようなブランドショップは入りません。小田急電鉄の事業発表が終わると、かつて裁判を起こし声高に再開発に反対した人たちを含めて、みんなが拍手をしたんですね。もちろん区の職員がものすごくがんばってくれたわけですよ。一つひとつのもめごとや問題に時間をかけ丁寧に関わって合意の大団円でつくることができた。都市再開発の歴史の中で、東京で計画が住民参加で軌道修正され、対立を超えて立場の異なる人たちの参加ができたというのは多分あまりなかったと思います。

財政の赤字を黒字に

中島　八ッ場ダムでもそうでしたが、日本では反対派と賛成派の二分法で大きな溝を生み出してきました。それをたぶん保坂さんはさまざまな市民運動の現場で見てきた経験がおありなのだと思います。それと地続きなのが保坂区政における財政の黒字化です。これも先ほどのリフォームの問題と関わっていて、何かどんどん新しいものを作るがゆえに費用がかかって大きな借金を抱えてしまう。そうではなくて今あるものをリフォームして活用することで費用を抑えつつ、現状に対応していく。そういう発想が保坂さんにあったのではないでしょうか。リスクを社会化するという命題と、しかし一方で財政を黒字化する命題を両立することは難しいですが、それをなしとげていったところが、これまでの革新的な行政と違うところだと思います。どうしても借金が膨大になりがちですが、どういうふうに両立していったのでしょうか。

保坂　「痛みをともなう構造改革」の小泉さんの時代から、一般的な行革は市民・区民がいやがること、泣きをみることを財政のために断行するんだと言われますが、住民サービスのメニューをひとつひとつ削っていっても、じつはそれで縮減される金額は財政にはほとんど大きな効果はありません。まさにトリックであり、パフォーマンスです。

リーマンショックのあと世田谷区は１００億円ほど税収が減って大変なことになりました。その時の財政運営の数字を見せてもらいましたが、前区長は全事業を点検し、いらないものを削ったというのですが、就任後、さらに区民サービスを削る検討リストを精査して、たとえば高齢者の寝具乾燥サービスや理美容サービスを削るとしても、それっていくらになるのと聞いたら２２０万円位にしかならない。そうした所を切っていくのが行革だというのは、錯覚ではないかと考えました。そこで何をやったのかというと、当時で25億円ほどかかる学校改築や、公共事業の道路用地取得を先延ばしにした。それがほとんどでした。

財政を考えるとき、まず大きな出費から見直す。家計でもそうですが、子どものお菓子やおもちゃを買うか買わないか悩むまえに、30年ローンを組んで家を買うべきかどうかとか大きなところから考えますすね。世田谷区も同じで、何がお金を食っているか調べて目を付けたのは、電子調達いわゆるコンピュータシステムでした。ここに年間で百数十億円かかるというのです。電子調達については国会議員の時に相当調べたのですが、価格はベンダー（販売会社）側のいい値なんです。役所の担当者は人事異動で2年で変わるので、必要ですと言われれば、そうですかとなる。システムのハードは5年で交換しないといけないといわれ、言われるままに交換する。とにかく半端でないお金がかかる。国民健康保険のシステム改修だけで億単位の支出です。各部署がばらばらにやってきたのを共同調達できないか、クラウド化できないか。こうした行政手法の見直しをずい分やりました。

税収も回復してきて箱モノの建設事業も抑制するなどして区長就任の3年目の2014年に22年ぶりの黒字化を達成しました。以後7年間で区の貯金にあたる基金も1千億となっています。おかげで2020年くらいから梅ヶ丘病院の跡地に「うめとぴあ」という保健医療福祉サービスの拠点を建設したり、玉川総合支所を改築するなど80億円を超えるような投資もできるようになった。区役所の建物自体を一部保存して建て替えることにしました。総額430億円かかりますが、積み立てをしたり区債を起こしたりして一般の財政にあまり負担がかからない見通しをつけて、コロナ禍でも建設に着手しました。ずっと財政の持続可能性を維持することを、区政運営上は優先してやってきましたね。

環境のシンポジウムなどでも、コンサルタントに運営を発注するような風習があったのですが、自前で企画させるようにして、止めてもらった。「官から民へ」という風潮は本来は公務員が企画しなければならないことを民間コンサルに丸投げすることではない。それは改革でなく、行政の衰退です。

保育園の待機児童の問題でも、交通のアクセスがよくないところは、定員が埋まっておらず、受け入れ人数に余裕があったりします。だったら、駅前にステーションを作って送迎バスを配置できないかを検討してもらった。ところが、バス会社に委託すると年間二千数百万円もかかるというのです。私が、マイクロバスの値段を調べると1台600万円台で買えてしまいます。これを保育園に提供して、運行してもらえば、園児を運ぶという効果では同じです。これだってバス会社に頼んでいたら5年で1億円ですからね。やっぱり税金をできるだけ大切に使おうよということです。

さらに、区役所にやたら区民を呼ぶのを止めようと姿勢の転換を呼びかけています。あえてデジタル・デモクラシーということばを掲げているのですが、保育園の申請などでも何枚も用紙に書き込まなくちゃならず、大変な手間ヒマがかかる。「区民に時間を返す」を合言葉に、こうした各種の申請も電子申請化して、足を運んでもらわなくてもよくする。

手続きに3時間かかっていたのを30分にすれば2時間半の時間を区民に返すことになる。お戻しした時間のうち30分でもコミュニティー活動に参加してもらえれば住みやすい地域になりますよと。

一方、区役所の方でも将来AI化が進めば10人で10日かかっていた仕事が2人いれば3日でできてしまうようになるかもしれない。余った人員を削減するのでなく、いまコロナ禍で行政に求められる役割は非常に膨らんでいますが、職員は悩める区民の現場に行ってもらう。職員が間接的な事務作業から、直接的に区民と共に働き、知恵を出し合い、悩む。そういう形態に変えようと考えました。それがデモクラシーの熟度を上げるためのデジタル技術の活用だと思っています。

区長としての与党性と「質問王」としての野党性

中島　こうやって話をうかがってきても、保坂さんは、首長としての与党性と、議員時代の「質問王」としてジャーナリストとしての一種の権力追及の野党性が両立し、よいバランスで共存しているのがわかります。そこが保坂展人という政治家を見るポイントだと思います。なかなかそういう政治家はいないし、このバランスがつぎの野党に必要だと思うのですが。

保坂　私は政権交代を挟《はさ》んで政治家1年生の時は与党、そのあと長い時期を野党で過ごしましたが、与党の経験があったことで自民党の熟練の政治家と一緒に、たとえば公務員倫理法や定期借家権について制度設計するなど、第一線での政策論議をやって政治の手法を知ることができました。どうやって霞が関を使い、国会の調査室、国会図書館や内閣法制局などから知恵を出してもらうか与党の手法を身につけたということですね。児童虐待防止法（2000年制定）を作る時などは私が中心になり超党派の議論をすすめました。これは成就しませんでしたが、死刑の一時停止と仮釈放のない重無期刑の導入や、裁判員制度導入の時には死刑判決のときは全員一致でなければならないとし、一致しなければ罪一等を減じて、重無期刑にしようという「死刑全員一致制」など、死刑制度の根幹にふれる立法作業に関わりました。その度に自民党を含めて国会で100名を超える賛同者を各党から集めました。異なる意見をまとめる合意形成の経験をずいぶん積みました。やはりジャーナリストから突然区長になったら、こういうことはできなかったでしょうね。

2009年の政権交代の時に国会から弾き飛ばされて、浪人を経て世田谷区長になったわけですが、与党と野党がいる区議会に相対する執行権のある地域行政のトップになった。自治体の組織をたばねる理事者の代表です。私自身が心しているのは、現場の職員にやる気になってもらわないと、なにごとも進まないということ。そのためには、首長が権力をふりかざして、職員を怒鳴りちらしたりするようなことはしてはいけませんね。たとえば「なんで待機児童が多いんだ！」って、職員の前で大声を出す。こういうのはダメです。待機児童が増える原因を綿密に分析し、理解し、情報を共有する。全力で改善に取り組み、その上で「いや、これ以上保育の質を落とすような妥協はできません」となれば、待機児童に関する批判は区長の私が受けましょうと。トップダウンする前に現場からのボトムアップを大切にする。とにかく、現場の職員の声をできるだけよく聞くことをやってきました。いまコロナ禍で最前線で対策に当たっている保健師さんたちとの話し合いも以前から、何度となく日常的に行ってきました。

区長になったばかりの頃に驚いたのは、旧来的な役所文化でした。副区長以下のところであらゆる案件は事前調整されていて、承認という一個のハンコしかなくてぺたぺた押していくというのが首長の仕事だと思っていた役所の人が多かったことです。ここを変えていかなくてはと思いました。しかし、一気に変えてはダメで、区長の権限で全部を差し戻しにしていたのでは、職員の人たちがついてきません。しかし、5件に1件くらいはちょっと考え直してね、というやり方で修正を加えて進めていきました。もちろん、これは絶対ダメ、やり直してくれ！というのもありました。

最初は役所の人たちも戸惑ったと思います。頭ごなしに全否定するようなことはしないように心がけ、提案されてきたプロジェクトに欠けているところがあったり、まだ整理されておらず未熟な点があったりすれば、こういうわけでよくないんだよと丹念に説明します。場合によっては10回以上話し合って政策の修正を実現させることもありました。

「あるものを活かす」という手法についてですが、新しいものを生み出す作業は古いものに手入れをして取捨選択することによって進みます。スクラップ・アンド・ビルドでなくて、リフォーム。そして、既存の施設に別の要素を加えていき、より活発な活動ができるようにする。「あるものを生かす」この手法には、お金がかかりません。世田谷区内には、地区行政拠点施設「まちづくりセンター」が28カ所あり、これは行政改革の流れから「そんなもの維持負担費がかかるから民間に売ってしまえ」という議論がありましたが、むしろ逆にこれを活用することにしました。住民の身近な地区行政施設に、福祉のワンストップサービスを設置しました。相談場所がありすぎて細分化されているため、区民はどこに相談に行けばいいのか、わからない状態でした。それを身近な地域にある「まちづくりセンター」に行けば、「福祉の相談窓口」があって、必ず適切なところにつなげるようにした。そうすると、あちこちいろいろな窓口を回るようなことは、しなくてよくなりますよね。これによって、福祉をめぐってどこに行ったらよいかわからないという声は激減しました。

自民党の厚生労働大臣経験者の尾辻秀久さんや厚生副大臣だった橋本岳さんらが、厚生労働省の幹部とともに、準備中の施設に入れ替わりに何回ともなく視察に来ていました。何故そんなに来るのかなと思っていたのですが、厚生労働省は「我が事・丸ごと地域共生社会実現本部」という、地域の福祉窓口を一元化する地域福祉戦略を打ち出しており、このひとつのモデルに世田谷区がなっていることがあとからわかりました。

中島　まさに野党が欠いているものが、こうした具体的な実績であり、政権交代した時にちゃんと運営してくれるという国民の安心感なんですね。その欠落がゆえに新しい政権のモデルが見えてこない。保坂さんのような地方自治の分野で実績を上げた力が直接的にも間接的にも重要だと思っています。

第2章　主体を引き出す民主主義

教育ジャーナリストから衆議院議員へ

中島　保坂さんは、教育ジャーナリストを経て1996年に社民党から当選し、衆議院議員になりました。しかし、2009年の衆議院選挙で落選。そのため、民主党政権に議員として参加していません。まずは社民党議員時代の活動を、教えていただけますか。

保坂　少しさかのぼってお話ししたいと思いますが、1986年のW選挙で社会党は歴史的大敗に直面しました。いわゆる中曽根さんの「死んだふり解散」ですね。自民党は衆議院で50議席増やしたのに対して、社会党は27議席減らしました。当時の社会党委員長は石橋政嗣さんで、1980年には著書『非武装中立論』が30万部を超えるベストセラーになりました。しかし、この選挙で大敗し、委員長を退任することになります。

そこに颯爽《さっそう》と登場したのが土井たか子さんです。土井さんの周りには、「憲政史上初の女性委員長」の誕生にわいた多くの女性が集まりましたが、逆に男性が少なく、國弘正雄さん（国際政治学者、1989年より参議院議員1期）に誘われて、私が「土井たか子を支える会」の事務局長になりました。そもそも土井さんと会ったきっかけは、土井さんを都知事選挙に担ぎ出そうとしたことでしたが、とにかく野党第一党の党首の傍で行動を共にし、社会党の外側から市民の立場でサポートし共に悩みながら歩みました。そして、10年後の96年に私自身が立候補することになります。この時、辻元清美さんや中川智子さん（2009～21年、宝塚市長）と共に当選しました。

当時、社民党は自民党と連立を組んでいました。第二次橋本政権ですね。つまり、私は議員活動を与党としてスタートしたのです。これが私の政治家人生にとって重要な起点となりました。

土井たか子（1928～2014）

ただし、当時は与党と言っても、社民党は閣外協力でした。与党は与党なのですが、閣僚は出さない。しかし、言うべきことは緊張感をもって言う。新人議員でしたが、社民党が少人数になっていたため、重要な役回りを担う場面がひんぱんにありました。前衆議院議長・前首相がいる党でありながら衆議院で総勢15人になっていましたので、1年生議員でも自民党の大物議員と渡り合わなければならなかったのです。

当時、与党として取り組んだことに国家公務員倫理法の制定があります。自民党の野中広務《ひろむ》さんがワーキングチームの座長で、武村正義さんがいるなど大先輩が並ぶプロジェクトでした。国会図書館にこもって、国家公務員法を活用し証人喚問や調査権があった人事院に国家公務員倫理審査会を置く案をまとめ、法の土台をつくりました。98年には、社民党が閣外協力を解消することになり、野党に転じることになったわけですが、その後に超党派で児童虐待防止法には深くかかわりました。私は教育ジャーナリストでしたので、子どものいじめや校則などの問題に長年かかわっていました。そのため、子どもの問題を国会議員としてやりたいという思いが強かった。与党だった橋本内閣時代から子どもの声を聴く相談電話の窓口を置くプロジェクトに携わり、それを後押しする「チャイルドライン設立推進議員連盟」という超党派の議員連盟（議連）をつくりました。

超党派の議連といえば「公共事業チェック議員の会」にも参加しました。事務局長として中村敦夫さん（参議院議員）を会長として、ほぼ毎週のように全国のダムや空港などの計画の開発現場へ視察に行き、公共事業を進める国・自治体の側、反対をする住民の側の双方の声を聴きました。死刑廃止を推進する議員連盟の運営にも関わりました。会長は誰にすべきか議論しているときに、法務委員会で毎日顔を合わせていた与謝野馨さんが、突然私の耳もとでこう言ったのです。「保坂さん、死刑廃止を推進するなら亀井静香さんを味方にすることだ」と。「えっ、亀井さんは死刑賛成では？」と聞くと、「いや、彼は明確な反対論者だ」と紹介してくれました。これがきっかけで、亀井さんに会長を引き受けてもらいました。

野党で提案しても通らないことでも、自民党や公明党を交えて超党派の枠組みで調整して具現化する道を、いずれの議連でも事務局長として働き、かなり意識的に追求しました。

与党性と野党性が共存している

中島　保坂さんを語る上で重要なのは、与党性と野党性の共存だと思います。国会の質問王であると同時に、一方で閣外協力という形で与党として関わっていた。ここに保坂さんの政治家としての基礎があると思うのですが、議員時代にこの二つのバランスについてどう見ていらっしゃいましたか。

保坂　そうですね。どうしても法案審議の中では法案の矛盾点を厳しく追及しましたね。

与党でありながら、通信傍受法（いわゆる盗聴法）では与野党協議で一貫して反対の論陣を張り与謝野さんを座長にしてなんと24回連続して続けた与党協議で法務省の官僚を相手にした議論の果てに、ついに、決裂しました。これは三党連立解消の一つのきっかけにもなるわけですが、初めて「自社さ」政権内の合意なき法案スタートになった場面を担いました。こういう法案の問題点はしっかりと指摘をし、メディアで発信してきました。

当時のスケジュールを見ると、面白いことに気づきます。年金積立金運用問題について激しく政府に迫る質問をした一時間後に、チャイルドライン設立推進議員連盟の集まりで児童虐待防止法を実現しようと与野党とともに議論している。私の中で与党と野党の両方が同居していましたね。国会というのはおもしろいところで、さっきまで大きな声で張り上げていた与野党対決の最中にあっても、そのあと超党派勉強会で対立していた政党の議員ともニコニコと一緒にやる。これは政治という場面においては、重要な成熟です。

自民党にとっても、社民党との連立政権は重要な意味がありました。社民党の市民派議員としての私たちが詳しいNPOや情報公開、市民参加、ボランティアなどの要素を、政策に取りこみ、実現しました。自分たちにはない側面を拒絶するのではなく、新しい空気を吸い込んで自分たちを変える。そんな一種の奥行きが自民党にはありました。

中島　そこが重要なポイントですね。現在の野党は反対ばっかりしていると言われ、その姿だけクローズアップされるがゆえに、立憲民主党を中核とした政権交代に国民の期待が薄れてしまう。しかし、反対すべきは反対しないといけない。野党はそんなジレンマに苦しんでいると思います。

加藤紘一の至言

中島　保坂さんの議員時代といまとの状況の違いは、当時ほど自民党の奥行きがなくなったことが挙げられますね。あのころは亀井静香さんなり、与謝野馨さん、小渕恵三さん、野中広務さんといった柔軟かつしたたかな政治家がいて、社民党ともさまざまな建設的対話ができた。しかし、安倍さん以降は野党の議論に耳を傾けず採決を強行したり、野党の質問をせせら笑ったり、こんな議論は早く終わればいいみたいな態度で国会の議論の軽視が続いてきました。逆にそういう中で立憲民主党は追い込まれています。国会議員の経験から保坂さんはこの10年の国政をどう見ているのでしょう。この状況に野党はどう与党に対峙すればよいとお考えですか。

保坂　あのころ派閥のトップクラスでは麹町中学の先輩でもある自民党幹事長の加藤紘一さんと一番話す機会が多かったですね。彼がいろんな場で言っていたのは、「社民党は議員が15人とごく少数だが、自民党がこれでいいと単独で思ってもダメで、たとえば保坂くんが『なんとかこれでいいかな』と合意した時に多くの国民の理解が得られるレベルになり、普遍性が生まれる。社民党との連立はそんな役割がある。それを三党連立のなかでしっかり丁寧にやることが政治の安定に繋がるんだ」。そう言っておられましたね。その後、1999年には自自公連立の300議席をこえる大変な数の与党集団が生まれたあたりから、数の力で押し切って何が悪いという空気が強くなり、そういう気風が一挙に薄れていったと思います。

2008～09年に「かんぽの宿」が問題になりました。というよりクローズアップされるように一生懸命準備しました。麻生内閣で自民党政権は限界に来ていて、民主党に政権を任せてみようという風潮が高まっていましたが、一方で、小泉構造改革は一体なんだったのか、突然の郵政解散で圧倒的な支持を集めた郵政改革選挙には大義があったのかが問題だった。それを端的に表したのが「かんぽの宿」問題です。かつての郵便局の簡易保険が全国に展開していた宿泊等の施設の「かんぽの宿」が、オリックス不動産に売却されようとしていた。

当時、規制改革会議のトップを務めていたのがオリックスの宮内義彦さんですよ。これは入札だからしょうがないと言われていたけども、入札に必須の開札日もなく、売却物件が交渉中に増えている。どう考えてもおかしい。そこで日本郵政社長の西川善文さんを答弁席に呼んで「これは入札ですか？」と聞きました。すると、西川さんは私の質問に「競争入札と企画コンペの複合型だ」(2009年2月6日衆議院予算委員会)と答弁した。競争入札であるとは断言しなかった。鳩山邦夫・総務大臣も椅子の上でそっくり返るほど驚いていました。競争入札とは名ばかりで、企画コンペであり随意契約だったのです。「なんだそれは！」となったんです。郵政民営化の陰で国民共有の郵便局の土地を民間に叩き売るという本質を明らかにすることになり、成し遂げたのが国民新党と民主党、社民党を繋ぐ合同勉強会だったんですね。政治的なテーマを選んで政権交代の受け皿を準備しましたが、その後の民主党政権では各党が知恵を出し合うというような運営はほとんどなくなった。

これは安倍政権・菅政権でも続いていますね。与党を追及する調査能力は衰えていると思います。このところ国会を動かしているのは、『週刊文春』ですよね。そして『しんぶん赤旗』。「桜を見る会」の問題は共産党が放ったヒットですが。たとえば立憲民主党あるいはそれ以前の民進党の調査によるというのは、ほとんど聞かないですよね。国会議員には時間があり、スタッフがいて国会図書館もあり、さまざまな調査機能がある。しっかりと活かし切れていませんね。

中島 同じことは大手の新聞社にも言えますね。朝日新聞は特別報道部を廃止するなど、調査報道がしっかりとできていません。

民主党政権はなぜ挫折したのか

中島 「かんぽの宿」問題を保坂さんが追及していたころは自民党政権が揺れていく時期。小泉郵政選挙が終わって小泉首相が退任し、安倍、福田、麻生と首相が代わり、そして政権交代がおきます。最近、麻生内閣のころに現在の菅内閣が似ているという人がいます。支持率が下がり衆議院の任期が迫って追い詰められている。同じように今度も政権交代があるのではないかと。それは甘い見通しだと思います。

当時と今とで大きく違うのは、野党の支持率なんですね。当時は、民主党への国民の期待が高まっていた。第一次安倍内閣や福田内閣の支持率が下がると、民主党の支持率がぐっと上昇し、自民党を抜くこともありました。そして麻生内閣のとき、はっきりとした支持率の逆転が生まれた。この流れの中で政権交代が起きたんです。

しかしいまはそうなっていない。自民党の支持率が少し下がっても、立憲民主党の支持率が上がらない。ずっと低空飛行を続けています。両者の逆転など、数字的には考えられないほど、差があります。これが２００９年と21年にある二つの総選挙の大きな前提条件の違いです。

では、２００９年選挙のときに民主党に寄せられた国民の強い期待とは何だったのか。それは二つの「ＮＯ」だったと思います。一つは古い政治に対する「ＮＯ」。自民党がずっとさまざまな利権によって動いている。先ほどの「かんぽの宿」問題でも規制緩和といいながら一部の人間だけが利益を収奪していくというような古い政治が長い期間あったわけです。これに対して、国民は嫌気がさしていた。もう一つは新自由主義に対する「ＮＯ」。前年08年にリーマンショックが起き、暮れから09年年始にかけて年越し派遣村の問題が起きる。あまりにも格差社会が進み、労働市場が自由化され過ぎると「生活の底」が抜ける。そこで、もういちどセーフティーネットの強化に乗り出さないといけないのではないかという機運が高まり、それに順応するかたちで民主党が政権に押し上げられていった。

しかし、民主党政権が一気に支持を失っていった大きな要因は、この二つの「NO」にちゃんと応えられなかったことがあったからだと思います。民主党政権はまだ新自由主義を引き継いでいた。それが端的に表れたのが、事業仕分けでしたね。礼賛された一方で、大切な事業を切ってセーフティーネットに穴をあけていくような側面があった。そして、古い政治についての批判にも応えられなかった。小沢一郎さんの問題は大きかった。政治資金規正法をめぐる検察の動きは問題がありましたし、怒りもありましたが、一方で小沢さんが幹事長として何をしたかというと、幹事長室への陳情の一元化とか公共事業の予算配分額を割り当てる「箇所付け」など、権力集中を図る古い政治でした。鳩山さんのお金の問題も出てきて、国民の支持が溶解していきました。

民主党政権についてもう一つ言っておきたいのですが、比例代表並立制をとっている日本は二大政党制には絶対ならないということです。比例代表並立制だと小政党にも議席がいくので、この仕組みからは、必ず連立政権が生まれる。中核政党プラス小政党ですね。自民党は連立への対応が上手だった。自公連立で公明党を飼いならす。選挙を一緒にやることを含めて経験を積み、利益を配分することで、公明党を簡単に引き離さなかった。一方で、民主党の何が下手だったかというと、社民党の扱いです。辺野古問題を契機に社民党が離脱したわけですが、これが大きかった。民主党の人たちは二大政党制に強い意識をもっていたので、連立に対応できなかったのでしょう。立憲民主党になった現在でも、同じ構造があるように思います。なぜ共産党とやれないか問題。そして、テクニカル・ナレッジへの傾斜があり、マニフェストが実現できなかった。

保坂さんは2009年の選挙で落選されました。そのため、民主党政権に加わっていません。当時の民主党政権を、国会の外からどのように見ていらっしゃいましたか？

保坂　わたしは09年の総選挙で、11万6723票で最多得票落選者でしたが、選挙戦では、民主党・社民党・国民新党の野党統一候補として、選挙中は期待の風を感じました。私が気になったのは、第二次橋本内閣の自社さ連立政権のことを知っている社民党のメンバーが数人しかいなかったことです。党首は自社さ連立離脱後に当選した福島瑞穂さんになり、土井さんの世代の与党としての経験値が希薄化していました。

前に述べたように、自社さ政権は「自民3人、社民2人、さきがけ1人の割合で多数決なしの意思決定プロセス」を確立したのですが、私から連立協議のルールとして提案しようとしたのだけれど、周囲に理解する人がいなかった。従ってこれが民主党政権にはありませんでした。社民党と国民新党が合意しなければ決定しないというシステムが、政策に普遍性を与えるんです。この重要性をわかっている議員がほとんど誰もいなかった。残念なことでした。

民主党の中には「たいして数がいない社民党に足を引っ張られるのはマイナスだ」ととらえていた人が一定数いました。政策実行のスピード感を重視した結果ですね。一方、社民党の中にも「政権にはなるべく入らない方がよい。批判されるから」と考え、連立政権からの離脱に積極的な人がいました。社会党以来の野党意識が抜けず、地方議会では与党であることを疑わない一方で、政権に入ることへの拒否反応があり、私には理解できませんでした。鳩山由紀夫総理が辞め、菅直人政権になった時、私は「鳩山首相が引責辞任したので閣外協力でも与党の一部に残るべき」と主張しましたが、そうなりませんでした。結果、社民党が離脱したことで、民主党政権にストッパーがいなくなった。そして、菅直人首相になると「消費税増税」、「TPPもいいじゃないか」などと言って参院選で大敗するわけです。大きな分岐点でしたね。

小沢一郎さんがやろうとしていたのは自民党を徹底的に干して自民党なるものを民主党

にすること。それで日本医師会などが自民党から寝返りましたよね。この時期が続けば続くほど自民党が地盤沈下する。それが狙いだった。ところが強権的な手法は、民主主義に反するわけで、民主党の中にも反発が起きましたが、干されそうになった自民党が意地を見せて、安倍政権につながりました。野党時代に公明党との関係をしっかりと繋いでいたことも重要でした。

なぜ世田谷区長選に立候補したのか

中島　民主党と社民党の両方が連立を理解していなかったというのは重要な視座です。現在の立憲民主党と共産党の問題に通じる歴史からのメッセージですね。その菅政権のときに東日本大震災が起き、直後に保坂さんは世田谷区長に立候補します。脱原発と自然エネルギーの問題を提起し、区長に当選しました。ここから世田谷区長としての10年がスタートしました。

保坂　09年の衆院選落選に続いて10カ月後の10年の参院選での社民党の全国比例区に挑戦しましたが、6万数千票で残念ながら届かずでした。体力を消耗し、支援者も疲れて、資金的にも枯渇した状況でしたが、その中でありがたかったのは「質問王が行く」という連載を『週刊朝日』で持てたことでした。09年10月に八ッ場ダム問題を取り上げたところ、大変な反響がありました。前原誠司国交大臣は八ッ場ダムの工事を中止するとぶちあげて反響を呼びましたが、私は取材による確信をこめて、「八ッ場ダムは止まらない」と書いた。すると『週刊朝日』が一日半ほどで完売したと聞きました。この連載で全国のダムや空港を回って、再びジャーナリストとして活動しました。

桜井勝延前南相馬市長　朝日新聞

東日本大震災の時は、議員でないことのもどかしさを感じましたが、それでも何かできないかと動きました。そんな中、杉並区の田中良区長から電話がかかってきました。杉並区は福島県の南相馬市と災害時相互援助協定を結んでいて、いち早く物資を送ろうとしていましたが、杉並区がトラックで届けようとも原発からの20キロラインで検問所があってUターンさせられる。「何とかならないか」という相談なんですね。そこで、福山哲郎官房副長官など官邸に連絡をつけ、福島県警に繋いでもらい、物資が届くようにしました。杉並区の区長室に何度も通いましたが、朝トラックを手配すると夕方にちゃんと3台そろって、物資を積んで送り出す。その姿を見て、杉並区の支援は確実に届いたと思いました。その後に、実際に南相馬市に行き、庁舎に泊まり込んでいる桜井勝延市長と話をすると、感謝の言葉をいただき、胸が詰まりました。津波と原発事故のW被災でとにかく国からも東電からも情報がなく、市民からも責められ、どうすればいいのかわからない。そんな状況の中で桜井市長が孤軍奮闘する様子を目の当たりにしました。

福島の被災地から戻ってくると、世田谷区長選に立ってくれと要請がありました。じつは前の年から、下北沢問題をめぐって何度かお誘いがあったのですが、率直に言って、それまでは政治の現場は国会議事堂・永田町だとしか考えていませんでした。しかし、地方政治がどのくらい大切なのか、津波と原発事故によって実感し、気持ちを強く揺さぶられました。自治体の首長の仕事ぶりに接して、目の当たりにし、首長の役目は大切なんだと、価値観が大転換したのです。そんな矢先の出馬要請でした。結果はどうあれ、そよ風のような少しの風でも飛び立とうという思いで立候補しました。２０１１年4月6日の出馬表明の記者会見から当選まで19日間でした。怒涛のような毎日でした。

中島　2011年4月の選挙戦の最中、原発事故をめぐる事態が進行していました。東京でも原発の問題ホットスポットの議論があり、農作物を食べてよいのかが大きな関心事でした。そのときに保坂さんが区長選で訴えた中に、脱原発と自然エネルギーの大きなテーマがありました。そのビジョンをどのように区民に訴え実現してきたのでしょう。

保坂　約1週間の選挙戦の中で、ベビーカーを押したご夫婦から「当選したら放射線量をぜひ計測してください」と言われました。他にも3人くらいから、そんな声をかけられました。あの当時、福島第一原発でメルトダウンが連続して起きていたんだということがわかってきましたが、東京にはモニタリングポストが新宿区に一カ所あるだけ。世田谷区で放射線の汚染影響がどのくらいか調べようがない。「重汚染だ」という人もいれば「いやいや大したことはない」という人もいて、計測されず、実態が明らかにならないまま不安が増大していました。

区長に当選してすぐ、空間放射線量を計測すると決めたのですが、計測器がない。困っていると、世田谷工業振興協会の中に電機の専門会社があって、市中に「うちで扱っている」という話があり入手しました。計測を始めると、大きなニュースになりましたよね。「これは国の仕事」「東京都もやっていないのに、なぜ区がやるのか」というような声が区役所内にもありましたが、国も都も計測器を持っていても何もしないわけです。使い慣れない計測器を持って、職員たちは、チームを組んで一斉に街にでました。公園や道路はどのくらいの数値なのか、測定して毎日帰ってきてはインターネットで公表しました。10日ほどで、世田谷区の取り組みがけん引する形で、23区のほとんどが空間線量を計測するようになったのは印象的でしたね。

そんな危機対応をする中で、7~8人のお母さんたちが「世田谷こども守る会」を結成し、空間線量を学校や保育園、砂場やプール、牛乳や給食も測ってほしいと区長室に訪ねてきました。ただ反対、行政に注文をつける運動ではなくて提案型でした。教育委員会で導入しようとした計測器より「こっちの方が、パフォーマンスがいいです」と提案し、教育委員会が機種を変えたりしました。

多くの区民も自発的な計測をする中で、一度、飯舘村以上の放射線量が民家の塀の高さ1メートルのあたりから測定されたとNHKが放送し、大騒ぎになったこともありました。「世田谷区重汚染」という誤ったニュースが全世界に発信されようとし、BBCやCNN、中国の放送局も来て世田谷区役所のまわりを囲みました。世田谷区からの避難が始まるのではないかと、ワイドショーなどが生中継していました。これは早急に対応しないといけないと考え、現場に業者を派遣しました。すると、建物の床下に戦前のラジウムが埋まっており、それが床下の空気口の小窓から塀に照射していたことがわかりました。だから塀の1メートル部分だったのです。現場の検査員の「環境省から文科省に代わった」ということばをヒントに調べてみると「所有者不明の放射性物質の管轄は文科省だ」ということになり、副大臣だった森ゆうこさんに電話をして「その部署の職員を3時間以内に来させてくれ」と要請しました。2時間しないうちに文科省の部隊がやってきてラジウムを回収し、「これは戦前のラジウムでした」として回収していき一件落着となった。

脱原発と自然エネルギー

中島　保坂さんは世田谷区長になられて、脱原発・自然エネルギー活用の具体的な方向性を示そうとしてこられました。太陽光発電の普及を促進しようと区役所の大口電力を競争入札にして、総額約12億円の費用削減をしました。世田谷区みうら太陽光発電所を開発したり、自治体間の提携・連携によって長野県の水力発電所から電力を直接購入して保育園や児童館で使ったり、群馬県川場村や青森県弘前市から直接自然エネルギーの電力を購入するシステムを作ったりと、できるところからやってきました。

私も自然エネルギーにシフトするべきと思いますが、手放しでというわけにはいきません。太陽光パネルを地方の山を切り崩して並べればよいというわけではない。その先での環境破壊が起こり、山崩れとか河川の水の濁りなどの問題が発生します。非常に丁寧でバランスが要求される政策ですが、一連の脱原発をめぐる政策をどうお考えですか。

世田谷区みうら太陽光発電所　朝日新聞

保坂　自然エネルギー政策をやり始めた契機になったのは、区長になった年の9月に世田谷区で行った再生可能エネルギー活用シンポジウムです。その時に南相馬の桜井市長をゲストに招いて、地震による津波と原発事故による二重被災の首長として経験した苦悩と希望を会場ほぼ400人に向けて語ってもらったのですが、この時、「津波でやられた地域に被災地初の電源を作り、それを復興のプロセスの糧にしていきたい」という桜井市長の言葉がありました。東京電力・福島第一原発は地元ではなく首都圏に電源を供給していたわけで、そのシンポで私は、「首都圏に住んで来た住民としては、ぜひ都市部で活用して、被災地の復興に貢献しなければならない」と言いました。

議論をしめくくるにあたり、私は、「世田谷区のエネルギー政策は二つの柱で行う」と話しました。一つは地産地消です。区内で自然エネルギーを創り、区内で使うということです。もう一つは桜井市長が言われたような地方の自治体の自然エネルギーを世田谷区が使わせてもらう地域連携です。

区内で自然エネルギーを作り区内で使う地産地消は、全国の自治体で取り組みがあります。世田谷区では「世田谷ヤネルギー」といって、150万~200万円の設置費用を、一括発注をかけるスケールメリットによって4割くらい費用を減じて設置できるようにしました。2012年当時、220軒近い家に設置されましたが、反響が大きくて、2000件の問い合わせがありました。ただ、全ての家にソーラーパネルを付けられるわけではありません。実際のところは屋根だけをみても、ビルの日陰になっている所はだめだし、あまり古い家屋だと重みに耐えられない。希望する家屋でも、あきらめるところもあった。区有地活用の応用が、区営のみうら発電所で、神奈川県三浦海岸にあった区立三浦健康学園が廃止されて久しく、売却しようとしていたのが接続道路の狭さや建築条件等の問題で売れなかったんですね。南斜面の日当たりのよいところで、ここにメガ発電の半分くらいの発電所を作り、売電して区民に使ってもらっています。

もう一つの地域間連携の方は難しかった。世田谷区と交流自治体は全国にあるのですが、地方で作った電気を都市部で買い取る仕組みはなかったわけです。そこで「みんな電力」という、当時は一人だけで始めていたベンチャー企業が、重要な活躍をしてくれました。経産省とも連携して、最終的に長野県営発電所の電気を世田谷区立保育園で使えるようになりました。新電力のベンチャー企業を間に入れて、「電気の産直をヘルツの差を超えてやります」という発表を長野県としました。これが自治体間連携の夜明けでした。こんなことができるんだと、全国の自治体にインパクトを与えました。

これに加えて、もともと交流のあった群馬県の川場村の木質バイオマス発電、青森県弘前市の豪雪対応型メガソーラー、21年春からは新潟県十日町市の温泉バイナリー発電の電気を譲ってもらっています。いまもいくつかの自治体と協議しています。自治体間連携を構築していったのは、世田谷区でやるのだけが目的ではなく、全国に自然エネルギーのネットワークを作り、ポテンシャルを上げていくことを目指しました。これは確実に広がっています。

国会議員と首長の違い

中島 保坂さんが考えられたのは、日本全国の規模からみると小さな取り組みですが、事業に一種のモデル的な普遍性を宿らせ、それがどんどん応用されていくことで、大きなスケールになっていく。一つの突破口を見出すために、極めて具体的な取り組みを行い、小さな成功を積み重ねる。そこに区長として力を注がれてきたと思います。

保坂 そうですね。国会議員として十数年やってきましたが、いろいろ役所の事業に「ここは問題じゃないか」「もっと工夫すべき」と注文をつけることが仕事でした。しかし、首長は事業責任者であり、意志決定権限者です。立ち位置も権限もかなり違いました。具体的に実現することで、社会のあり方を変えていくことができる。小さな事業が普遍性を持つことがあるんです。そこにやりがいがあった。このような視点を持つことができたのは、国会議員としての経験があるからだろうと思います。国会議員と首長、与党と野党という立場を経験したからこそ、多方面の事業に着手することができ、判断基準ができていた。かつて不合理と無駄遣いを指摘してきた視点もスリムな費用対効果を生む事業スタイルを生みました。

中島　このあたりが、保坂さんの「5%改革」という漸進的改革に繋がっていると思います。一気に変えるのではなく、様々な議論と調整を丁寧に行いながら、具体的な一歩を踏み出していく。その小さな歩みが、大きな普遍性につながる。「スピード感」や「グレート・リセット」などが称揚される中、この姿勢は本当に重要だと思います。

なぜいまグリーンインフラを進めるべきなのか

中島　この自然エネルギーの問題はグリーンインフラの問題につながります。保坂さんは近年、グリーンインフラの重要性を強調されています。そして、その思いは年々大きくなっているように見えます。

ここには二つの背景があると思います。一つは近年の豪雨災害。もう一つが、コロナ危機ですね。

19年の水害は特に長野、千葉に大きな被害をもたらしましたが、その水害が東京にも襲いかかってきました。多摩川の増水という問題ですね。世田谷区は多摩川に面していますが、その一部で堤防の溢水《いっすい》という問題が生じました。また内水氾濫で下水もマンホールからあふれました。二子玉川周辺では、具体的な被害が出ました。また床上浸水の深刻な被害も広がりました。この被害の要因には、町をコンクリートで埋めてきたことがあります。そして、流域治水という観点を持たず、各自治体が個別に対応してきた。

保坂さんが注目してきたのが、大地の保水力を回復するということです。集中豪雨があると、下水や暗渠《あんきょ》が溢れてしまう。一気に多摩川に水が流れ込み、支流との合流点で支流の水位が上がるバックウォーター現象が起こる。その背景には、大地の保水力が低下している現実があります。雨が降ると水が一気に流れてしまう。これをグリーンインフラによって、大地で受け止め直そうとする取り組みが構想されています。

保坂　世田谷区では1980年代に環境意識が高まりました。緑豊かな世田谷といわれながら開発がどんどん進み、緑がなくなってしまうのではないかという懸念が区民の間に広がりました。

世田谷には国分寺崖線《がいせん》という崖地が多摩川沿いに東西の帯状に広がっています。ここは湧水が豊かで、所によっては蛍が舞うような場所です。成城周辺などには一部、残っていますが、これをどう保全するかが議論されました。その時にトラスト運動が起こり、「緑の世田谷ダム」という構想が打ち出されました。雨水貯留槽を庭に埋めて、雨水タンクを取り付けるのです。この世田谷ダム構想はすごくおもしろくて、数十個ではたかだかしれていますが、数千から一万の単位に増えていけば、大変な保水力になるわけです。景観保存のために当時の環境運動の先輩方、区民が主体的に動いて行政を動かしましたが、40年経って、息子・娘の世代の間では意識が薄らいできた。そんなときに、2019年の台風19号による豪雨災害が起きたのです。浸水被害の大半は、内水氾濫です。多摩川に入りきれない水が支流で溢れる。あるいは下水が耐えきれずに噴き出す。そういう形の水害でした。

造園家で世田谷区の都市行政にも助言をいただいている涌井史郎さんは、「グリーンインフラという考え方は江戸時代からあった」とおっしゃっています。自然と対決する思想ではなく「いなす」と言います。体当たりで防止するのでなく、遊水池などを設けて、いったん受け止めて力を軽減させ被害を最小化するという生活の知恵があった。

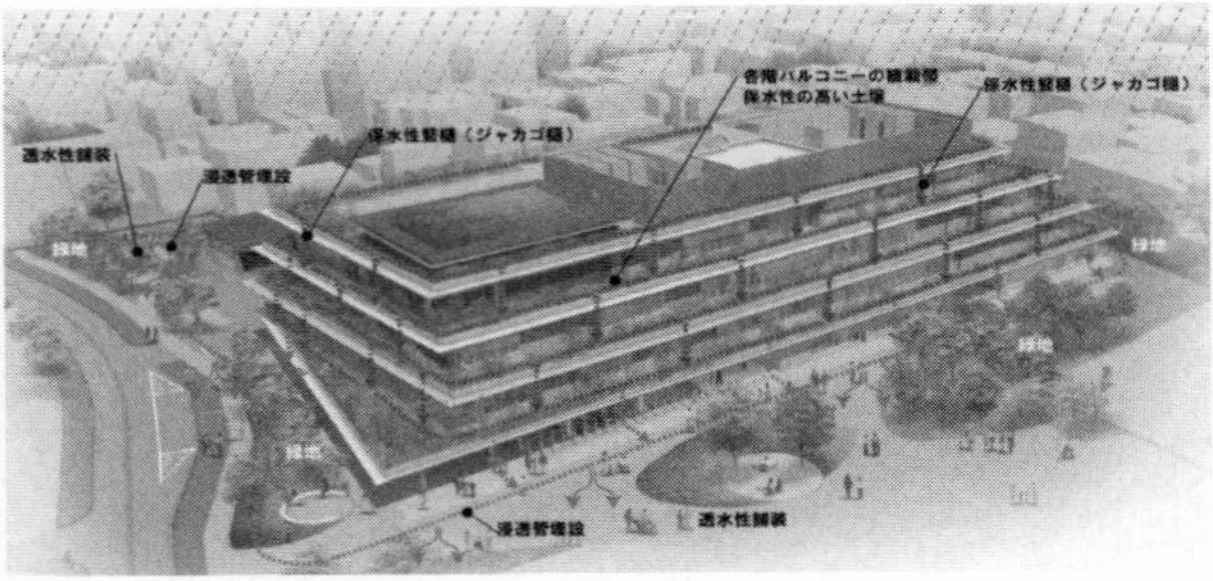

グリーンインフラビルのうめとぴあ　世田谷区

都市において、下水道の太さを2倍にしようとすると、少なくとも企画、準備期間も含めて15～20年はかかり膨大な予算が必要です。下水道を太くする工事は現在進行形で行われていますが、工期は長く10年がかりです。ハードインフラの整備は必要ですが、時間がかかります。とうてい間に合いません。また、太くした下水道も一時間当たり最大で80ミリ処理できますが、120ミリ降ったら溢れてしまいますね。今日の豪雨対策では、いかに下水に水を流さないかの工夫が必要なんです。

雨水をどのように蓄えて、時間をかけて下水に流したり、大地に浸透させたりするか。この発想が、世田谷区では「グリーンインフラビルを作ろう」という構想につながりました。都立梅ヶ丘病院の跡地に「うめとぴあ」というビルを建設しましたが、ランドスケープデザイナーの平賀達也さんが関わってここには他では見られないさまざまな工夫をしました。降った雨水は屋上から下の階、次の下の階と時間をかけて落ちていき、下水への負荷に時間差を設ける。また、レインガーデンという雨のときだけ池になる施設に貯めておきます。降って数分後に、下水に雨水が全部流れこむビルとは全く違う構造です。

加えて自宅の雨どいの向きを、排水口から90度変え庭の方に向けるというごく簡単な参加を含め、身近な取り組みを積み重ねる必要があります。道路を浸透性舗装にして、雨水を地中へ還元することも進める必要があります。一つではダメですが、それが数千の単位になったときに、下水管を太くすること以上の効果を生む。行政が率先して取り組むだけでなく、区民が小さな単位で数多く取り組むときに、地元産業を育成する公共事業にもなります。ポストコロナの有力な選択肢になるのではないかと考えています。

「沿う」こと、「いなす」こと

中島　保坂さんの若者政策や子ども政策とも共通している大事なポイントだと思いますが、いま「自然をいなす」とおっしゃいました。これは私が「利他」を研究する過程で気づいたことと、共通しています。近代は科学技術などを使って、自然や人間を統御しようとします。意図通りにコントロールすることが解決策とされてきました。防潮堤などが典型ですね。あるいは、土砂崩れを起こさせないようにコンクリートで山肌を固めたりする。これと同じ発想が、認知症の人たちの身体拘束を行う福祉施設にも見られます。学校の校則なども同様ですね。とにかく一定の枠の中に統御したい。そのほうがローコストで効率的だからです。

しかし保坂さんは、人間も自然も支配しコントロールするのでなく、そこにある主体性を活かし、それに沿いながらいかにいい循環を作っていくのかを考えている方だと思います。空海は、誰もができなかった満濃池《まんのういけ》の改修を成し遂げるわけですが、いろんな野生の思考を働かせ、時に呪術も使って治める。空海は自然の摂理をよく理解していて、それを力ずくに抑え込むのでなく、それに沿いながら人間との関係性を作っていこうとしました。「利他」という働きは、何かを統御しようとする志向性とは逆の力として働きます。コントロールするよりも「沿う」こと。グリーンインフラは、この発想ですね。

保坂　結局、人の力は限られ、行政がやることも世の中のほんの一部分を受け持つのみですよね。ただ92万人区民がいて、その中でたとえ10％の9万2０００人、5％の4万6０

00人、それ以下の4万人でも3万人でも街づくりに参加すれば、地域のありようは結果的に大きく変わります。参加の方法も色々で、グリーンインフラについては、戸建て住宅、集合住宅、街路樹、公園とライフスタイルを少し変えることも重要な参加です。

中島　この問題の延長線上にあるのが、新型コロナウイルスです。コロナ危機の原因を突き詰めて考えてゆくと、人間の環境破壊の問題に突き当たります。多くの科学者たちが共通して指摘しているのが、パンデミックが起こったのは、人間と野生動物との接触機会が増えてきたことにあるという点です。今回の場合、もとはコウモリからだといわれますが、未知のウイルスが人間を宿主にして野生動物から引っ越してきた。それはなにゆえ起こったかというと人間が環境破壊をして野生動物との接点を作ってきた。あるいは野生動物が減ってウイルスが新たな住処を見つけようとして、人間に移ってきたのです。つまり、コロナ危機は私たち人間の自業自得なところがある。

問題は、ワクチンでたとえコロナ禍が終わったとしても、次の別のウイルスのパンデミックが起こる可能性があることです。環境にたいする破壊的な行動を続けている限り、パンデミックは終わらない。常に未知のウイルスの危機におびえ、対応しながら生きていかなければならないんです。生息場所を失ったウイルスが、次々に人間に引っ越してきてしまいます。

パンデミックによる自粛がもう嫌であれば、環境問題を考えないといけない。つまり必然的にグリーンインフラという課題にぶつかります。

保坂　剛鉄よりも、しなやかな木材の方が弾力性があって強い。鋼鉄の強靭な構造物でつくる重要で必要な土木工事はたくさんあります。しかし、もっとも強いのは弾力をともなった柔軟な仕組みではないかと思うのです。「いなす」という発想もそこに入ってくるわけですが、自然が圧倒的な力で襲ってきたとき、正面衝突しようとすると、阻止するか突破されるかどちらかで、突破されたら全てを奪われ失います。それよりも洪水時には水を引き受ける遊水地のような「いなす」という発想を取り戻したほうがいいのではと思います。「沿う」「いなす」という方法に即した土木技術が求められているのではないでしょうか。

都市においては公園の存在が大事になってきます。どのように公園を設計するか。公園は多言語で文化の異なる人たちを融合させる唯一のステージになると、米国オレゴン州ポートランド市の公園づくり「Gateway Discovery Park」から学びました。一つの公園をつくるのに人種言語の違う人々が何百回となくワークショップをやり、空間を作りあげることで、対話の機会が増えて、自分たちの街だと思えるようになってくる。排他的な競争性、敵対心、憎悪の感情から、親和性をもち、お互いサポートし合い、あいさつをするように変わってくる。公園だけで市民がこんなに変わるものかと、ポートランドの事例を聞いて感銘を受けました。この取り組みを、世田谷区にも生かしたいと思っています。

住民の主体性を引き出すためには

保坂　区長としての10年を振り返ってみて私自身の発想にあるのは、ないものねだりをするのではなく、「何があるのか」をよく見つめることです。出来ていないことを嘆く愚痴《ぐち》でなく、出来ていることから発展させる政策です。とにかく、あるものを活かす。力としては非常に制約された、ほんの少額の予算しかなくても、あることを活かすプログラムを描いたときに思わぬレバレッジ効果を生むことが実際に起きています。

いま世田谷に何があるのかを知るためには、さまざまな現場に足を運ばなくてはなりません。そこで住民に呼びかけて、区長就任当初から住民の声を聴く車座集会というのを続けました。みなさん集まってこられ、車座となって着席したところで、「私が話すのは5分だけです。それ以外はみなさんがお話しください」と呼びかける。参加した区民に一人3分間話してもらうと、一回の車座集会で20人余りが話すことになる。それを区内の27カ所でやると550人ほどの声を聴いたことになる。べつに統計を取ったわけではないのですが、区民にとって何が一番切実なのか、何が求められているのかがわかります。いきなりトップダウンで「これが正しい」「当選したから、この政策をやるのだ」ということはしませんでした。それは驕《おご》りにつながる。私は区民の優先度の高いところから政策を構築していく手法を取りました。

中島 相手の主体性に沿いながら、どうポテンシャルを引き出すのかというエンカレッジ型の政策が、保坂さんの手法ですね。そこに「あるもの」を探しにいく。既存の人・もの・システム・自然から、最大限引き出そうとする政治手法です。

民主党政権では「新しい公共」という政策が掲げられました。これは、表面的には保坂さんの熟議型の政策とよく似ています。しかし、うまくいきませんでした。「公共」とは行政のような「お上」だけでなく、市民社会の領域も含まれます。第1章で「リスクの社会化」を議論した際、行政だけが再配分を行っているのではなく、市民社会も寄付やボランティア、クラウドファンディングなどを通じて、リスクの社会化に参与しているということを論じました。民主党政権が「新しい公共」と言ったのは、この市民社会の領域を分厚くして、熟議デモクラシーを活性化しようというものでした。しかし、うまくいきませんでした。なぜか？

民主党は「新しい公共」を活性化させるために、税的インセンティブをつけることに注力しました。例えば、寄付などをすると税金が軽減されるようにした。そうすることで、みんなが寄付を積極的に行うよう促した。しかし、寄付の総額は増加しませんでした。これは「寄付の動機づけ」を大きく見誤ったからです。

人は税金が安くなるから、寄付をするのではありません。市民活動に参加する動機づけも、金銭的なインセンティブにあるわけではありません。もっと別の動機づけがあります。保坂さんは、参加型の熟議デモクラシーを実践し、大きな成果を上げて来られましたが、どのような進め方をされてきたのでしょうか。

保坂　私は市民運動出身です。そのため市民団体の集会から声がかかることが多くありました。しかし、当初は自民党を支持している地縁団体や業界団体の現場を優先して足を運び、話を聞きました。町内会や各種団体の集まりを回ると、そこに自民党の議員がいる。公明党の議員もいたりする。いわゆるお父さん、おじいさんの代から自民党議員を応援しているという保守層の文化の中にいる人たちですね。このような人たちから話を聞く機会を積極的に作りました。

もう一つは、無作為抽出型の集会を積極的に行いました。選挙人名簿や住民名簿からくじ引きで1000人選んで、区の将来について語り合いませんかと呼びかける。すると「じゃあ、行ってみるか」という人が88人集まる。区長としての10年間の中で、指折りのエキサイティングなひとときでした。大きな発見であり、気づきでした。こういう人たちが持っているエネルギーと発想は日本中どこの自治体でもなかなか捉えられていません。無党派層あるいは浮動票などといわれる層です。ここで集まってくれた人たちが言っていることは、行政よりはるかに時代の先を行っているなと思います。思いもよらなかったアイデアがたくさん出てくる。

民主主義とくじ引きについては最近ようやく話題になっていますが、このような無作為抽出で集まった無党派層と、昔から世田谷に住んでいて地元の業界団体の顔になっているような人たちに会って話を聞くこと。この二つをやることが、住民の要望をキャッチし理解する重要な道筋だと思いました。

ボンディングとブリッジング

中島　この民主主義とくじ引きの問題に近いと思うのですが、民主主義の問題を考えるうえで重要なことを言っているのが、トクヴィルが著した『アメリカのデモクラシー』です。民主主義の教科書とよく言われますが、なぜ彼がこれを書けたかというと、彼はフランス人でフランス革命後の世代なのですが、革命によってフランスは「民主主義の王国」になるのではなく、デモクラシーゆえにデモクラシーを手放してゆく。ナポレオンの専制政治を生んでしまいます。それに深く失望したトクヴィルは、どうすればデモクラシーはうまくいくのかという課題をもってアメリカへ視察にゆくわけです。

最初アメリカのデモクラシーがうまくいっているのは、政治リーダーがしっかりしているからだと思い、代表的なリーダーたちに会いました。しかし、アメリカのリーダーは、たいしたことはなかった。そこで発想を変え、アメリカ社会の特質と民主主義の関係を探りました。それで見えてきたのは、アメリカが移民社会であることでした。異なる他者たちが集まって町を運営していかなくてはいけないので、必然的に協働的な合意形成の場が多く出来上がります。アメリカには無数のアソシエーションが存在しました。行政と市民の間にある中間的領域の層が分厚い訳です。彼はhabits of the heart（心の習慣）と呼んでいますが、人々は自発的に集まっては何かと話し合う。これが小さなパブリックマインドを醸成し大きな共和制へと繋がってゆく。リーダーシップだけでなく、それ以上にこのタウンシップが重要である。デモクラシーの土台になっている、と考えたのです。

しかし、タウンシップも長い時間が経っていくと、保坂さんが指摘されたように、ある種の町内会や業界団体のようにヒエラルキーができ、既得権益化し、閉鎖的になったりしてしまう。そこをもう一度見直そうとしたのがアメリカの政治学者R・D・パットナムのソーシャル・キャピタルという議論です。

ブッシュ大統領の時代に、アメリカはどんどんポピュリズムに傾斜していきました。なぜそうなったのか調査すると、現代アメリカではアソシエーションが弱体化していることがわかりました。彼は『孤独なボウリング』という本を書くのですが、1960年代には町々のボウリング場にはボウリングリーグと言われるものがあり、週末になると人びとが集まりリーグ戦を楽しんだ。しかし、いまボウリング場に行くと、おじさんが一人でボウリングをやっているというのです。そういう自然発生的なリーグができるような根拠、地盤がアメリカから失われていった。それがポピュリズムに繋がっていると考えました。

人びとの社会的繋がりをどう回復すればよいのか。そこでソーシャル・キャピタルという議論が出てきます。パットナムは単なる懐古主義者ではなく、共同性をリニューアルしなくてはならないと言うのです。そこで重要になるのがボンディングとブリッジングであると。ボンディングは強い絆、結束力をもつ古い共同性。これは重要ではあるが、しかしボンディングにはどうしても排除の論理が働いてしまう。ヒエラルキーを順守するような人たち、「話のわかる人」は、包摂されるのですが、異を唱えるような人は排除される。インクルージョンの中にエクスクルージョンが働くのです。

R・D・パットナム氏　朝日新聞

これに対し、現代社会ではもう一つのブリッジングが重要である、と言います。私はけっして町内会が悪いと言っているのではないのですが、町内会「しかない」社会は悪い。町内会「もある」社会というのがよいということです。町内会しかない社会であれば、そこで人間関係がうまくいかず否定されれば、世界が終わるというようなプレッシャーがあります。しかも、そこには男尊女卑のような構造が根深くあります。
町内会でうまくいかなくても、別の日にはNPOに参加し、また別の日には習い事のサークルにも行く。一人の人間が複数の団体に繋がれる。逆にいうとそれぞれの団体がそれを許し、外に向けてハシゴを架け、出入りが可能であるというネットワーク型がよい。こうしたことがデモクラシーを活性化させるとパットナムは主張しています。ブリッジング型の無作為抽出による集会に出てくる人たちと、ボンディング型の古くからの人たち。この二つをどう参加共同の熟議デモクラシーの中に再定義・再配置するかということに、おそらく保坂さんは心を砕いてきたと思います。

保坂　車座集会での500人を超える意見に耳を傾けることは、またとない民意をつかむ世論調査の場でした。そこで多く出てきたのは、やはり老いに対する不安です。それに重なる形での災害に対する不安、防災の備えです。もう一つ、窓口でたらいまわしにされどこに行けばいいかわからないという意見が多く出てきました。とくに介護の問題を抱えた時です。出産は準備ができるが、介護は突然やってきます。いざという時、いったいどこにどう行けばよいかさっぱりわからず、困惑したとか、あるいは夫が突然倒れたらどうすればいいか不安だとか。そういった意見が、数多く出てきました。

そこで「あるものを活かす」という発想で、考えました。これが第3章で議論する福祉のワンストップサービスにつながります。選挙の時だけ住民の意見を聞き、他の時は区役所にこもっているというのでは、住民のニーズが見えません。一方、区民も選挙の時だけ投票所に行って、あとはお任せということでは、民主主義の主体とは言えません。選挙以外の平時にも、区政に関心を持ち、時に参加して意見を述べる。そのような機会やルートを首長も積極的に作り、対話を繰り返す。このような熟議こそがデモクラシーの基本だと思います。

下北沢の再開発を市民参加で

中島　保坂さんが区長選に立候補するきっかけとなったのは下北沢の再開発問題ですね。ここで地元の人たちの意見や思いがくみ上げられず、一方的な開発計画が進行しようとしていた。ここに介入し、市民参加のまちづくりを展開したいというのがスタート地点にあったと思いますが、これも熟議デモクラシーのあり方と密着していますね。

保坂　下北沢は映画、演劇、音楽あるいはアート、古着の町として、全国から世界からも若い人たちが集まってくる街です。「若者の街」というイメージですが、繁華街を一歩出ると、高齢化の進む住宅地を周りに抱えている。だから、高齢者にとっては、バスやタクシーの切実なニーズがあります。しかし、そのニーズに応じて駅前に大きなロータリーを作り、大きな道路を通せばいいのか。これまで下北沢が形成してきた街の雰囲気や機能、文化の蓄積をないがしろにしてもいいのか。私鉄沿線のどこにもあるような、どこかで見たことのあるワンパターンの駅前広場に、大型商業施設ができたら、下北の魅力がなくなってしまうのではないかという危機感が広がりました。

商店街や町内会の人たちは、建物が込み入っているために、火事や地震に弱いことを危惧していました。何かあったときは緊急車両も入れない。そして、駅前からバスにも乗れない。再開発は住民の悲願なんだという思いも強くあり、区側の計画を支持する人たちもいました。区の側も商店街や町内会の古くから地域に根を張っている人たちに限定して意見を聞き、計画を進めようとしていた。

それに対してアーティストを中心として、飲み屋、バー、ライブハウスなどで、下北沢を舞台に夢を語ったり、文化をつくったりして、町を愛しているという人たちが大きな危機感を募らせていきました。区役所に何十人かで抗議に押しかけたり住民説明会も大紛糾したりしした。まさに再開発をめぐっては、賛成派と反対派に分裂していました。

北沢デザイン会議　世田谷区

私は反対する人たちに押されて立候補したわけですが、だからといって、再開発計画をゼロから見直すことは、国会議員としての経験もあり、予算もすでに動いていて、難しいことだと理解していました。次の年の道路予算を私がつけましたが、「再開発の見直し」を標榜しながら道路予算を一切見直ししなかったじゃないか」と選挙を応援した人たちからの批難がまきおこりました。一時は市民運動の人たちから、「変節漢」扱いを受け、くり返しの批判も受けました。私の念頭にあったのは、「八ッ場ダム」の失敗をくり返さないということです。私が心を砕いてきたのは、町内会のような地域で長年保守政党を支持してきた人たちと、下北で芸術活動などを展開してきた人たちがにらみ合うのではなく、同じテーブルについて下北の未来を共に構築していく方法はないかということでした。両者が重なり合うところはないか、真剣に考えました。

そこで注目したのが、小田急線が地下にもぐることでできる線路跡地の存在でした。すでに地下工事ははじまっていましたが、線路のあった幅20メートル・長さ約2キロの帯状の空地については、計画はあるものの、工事は始まっていませんでした。この空間は、過密都市にとってはまたとない広さです。そこで小田急と東京都、世田谷区が決めた計画を全面的に見直させてくれと提案した。東日本大震災のあとで防災意識が以前とは大きく違う。緑の充実のためにも計画をつくり直したい。こう呼びかけたのですね。

これにはものすごい抵抗がありました。自民党、公明党を中心に、なんで決まったことをひっくりかえすんだということでしたが、粘り強く話をしました。2015年春の選挙で街なかでの工事中の1期工事以外の2期・3期工事を当面、都の「優先整備事業」から外すことにしました。そして、「緑と防災」を基軸としたプランを組み立て、この線路跡地を考える北沢デザイン会議をつくりました。これには当時、再開発に反対、推進の両方が来てくれました。会場では距離を置いて緊張感も漂いましたが、ともかく来てくれた。住民参加の対話集会は根気のいる仕事ですが、それを担当者たちはていねいに準備して行ないました。150人規模の集会を年1回ほど、20〜50人のワークショップを100回以上分野ごとに積み重ねた。

これまでの計画では、小田急がつくる商業施設と区の防災倉庫・公園がブツ切れの状態で、隣接しているのに繋がりが薄い。これではせっかくの空間を活かしきれないという話になりました。災害時には緊急道路として緊急車両が走行できる約2キロが、普段は散歩道になる。この遊歩空間を最大限に活かすことを基軸にして、世田谷区として、デザインコンセプトを作ろうということになった。「こういう雰囲気の場所にしたい」という思いを住民とワークショップなどで語り合い出し合い、絵を何度も描いて、都市模型を眺めながら、『北沢デザインガイド』を出しました。その労力が実り、小田急電鉄、京王電鉄、世田谷区の共同発表会で、小田急の社長が冒頭にパワーポイントで「シモキタらしく。ジブンらしく。」というキャッチコピーを出したんですね。開発型ではなく、支援型の再開発をやる。いいものは壊さず新しいものを加えていくというわけです。

「『支援型開発』〝変える〟のではなく、街への〝支援〟を目指して」という方向を打ち出した小田急電鉄は、「いろんな人が、自分らしく生きている街、シモキタ。ここまで多様性にあふれている場所は、日本中を見渡しても、そうそう存在しません。そんなシモキタの魅力がそのまま未来に息づきながら、より多くの人がつながり合って、それぞれの心地いい場所がふえていく。」（2019年9月、小田急電鉄）という。

このように、長年にわたり下北沢の街づくりをめぐり語られてきた「シモキタらしさ」の価値が小田急の開発コンセプトにこめられていました。

小田急の発表が終わると、一斉に拍手が湧いたんです。反対していた人たちからも拍手が起こった。胸が熱くなりました。ここに至るプロセスは、みんなが他者を尊重し、意見を述べあい合意形成をする丹念な努力があったことが重要です。この議論と対話を通じて、信頼関係ができていった。これまで断絶していた人たちが、つながりをもち、同じ町の仲間になっていった。私は結果以上に、対話プロセスによって生まれた信頼関係こそが、民主主義の成果だと思いました。

スピード感ではなく、時間をかけること

保坂　そして、もう一つの争点だったのは道路です。先ほど触れたように、二期目を目指した選挙戦に突入していましたが、当時、下北沢商店街連合会の会長である対立候補側からは「下北沢の再開発が進まないのは保坂区長のせいだ」というキャンペーンを張られま

した。私はこれを受けて、街づくりのヴィジョンを発表し、東京都の「優先整備路線」からⅡ期、Ⅲ期工事を降ろすという方向を打ち出しました。優先整備路線の登録は法的拘束力がなく、なるべく早期に進めることを心がけるというようなものなので、区議会での議決事項ではなく区長の裁量権で行なわれるものです。区議会の中からは、「道路計画を止めるのか」とか「後世に禍根を残す」とかずいぶん批判されましたが、再選後に実行しました。

優先整備路線から外れただけで、道路計画そのものは残っているわけです。しかし、これがメッセージになって、差し止め訴訟の原告団から、「区と話し合って和解したい」という申し出がありました。結果、「和解的解決」と私は呼んでいるのですが、訴訟は取り下げられました。区長5年目くらいのことです。

そこから賛否に分かれていた人たちが混じり合うラウンドテーブルが出来て、下北沢の街づくりを参加型で議論してきました。いまとなってはどちらが反対派で賛成派だったのかわからないくらい交じり合って、話し合いました。その結果、たとえば反対派の人たちが商店街のパトロールに加わっていたり、反対派の中心だった一人は商店会の副会長になったりして、いまとなっては過去のことはあまり思い出さないくらいの状態になっています。これがこの10年の最大の仕事、大きな山場のひとつだったと思っています。

中島　私は民主主義にとって、「時間」という問題が重要だと思っています。いまはなんでもかんでも「スピード感」が重視され、ビジネスや政治の世界では、即断即決して解決するのがリーダーシップといわれています。しかし、それって逆なんじゃないかと思います。民主主義にとってのリーダーシップは、時間をかける忍耐性だと思います。そうでないとかならず誰かを切り落とす。一方の意見を無視する。そして、一方の者だけの利益が優先される。民主主義にはまどろっこしさが重要です。これを世界中がどんどん忘れていっている。なかなか決まらないもどかしさの中に、民主主義の大切な「熟議」や「合意形成」の要素があるのです。

民主党政権のときにねじれが問題になり、決定が容易にできないのがよくないと言われましたが、当時、ねじれとか連立こそが大切ではないかと主張しました。異質な者が混じって、そこで協議する。加藤紘一さんが保坂さんに言われた、「保坂くんがイエスと言ったことの中に普遍性が宿る」という言葉はたいへん印象的です。異質な人たちが時間をかけて合意形成する。そのプロセスの中から出てきたものにこそ、普遍性が宿る。これが民主主義の一つの解ではないかと思います。それを下北沢の再開発問題で実践されたことには、一つの街の開発問題を超えて、重要な意味があります。熟議デモクラシーによって、参加と包摂が実践されていく。それは、人びとの主体性をいかにエンカレッジするかという保坂さんの一貫した姿勢とつながっていますね。

保坂　小田急電鉄の対応も意欲的で柔軟なものでした。私の姿勢をよく理解してくれ、下北沢で開かれる何十回というワークショップや報告会にも毎回出席してくれました。1回、2回の形式的な参加では問題意識を共有できないことも理解し、尊重してくれました。そして、具体的なプランの改善を繰り返しました。みんな、反対か賛成のどちらかに傾いたわけでもないというのが重要です。

中島　下北沢の再開発のプロセスで、「下北沢らしさとはなんなのか」ということが繰り返し問われ、みんなで考えたことが重要だと思います。この街の魅力は何かを問い返すことで、街に関わる主体性が生まれていく。社会学では「再帰性」という概念で論じられますが、一旦客体化したうえで、主体的に選択し直す。そのプロセスで、街に参与する住民になっていく。これが下北沢再開発のプロセスで起きたのではないでしょうか。時間をかけた主体性のエンカレッジこそ、民主主義を起動させるために保坂さんが仕掛けた重要な「政治」だったと思います。

第3章　「くらし」と「いのち」を守る

福祉のワンストップサービス

中島　世田谷区の10年で重要なのは、地域包括ケアの推進ですね。中でも重要な施策として、福祉のワンストップサービスが挙げられると思います。介護の問題は、家族にとって急にやって来るわけですが、行政がどのようなサービスを用意しているのかを熟知している人は、なかなかいません。そもそもどこの窓口に行けばいいのかわからず、入り口の時点でお手上げになってしまう人が多くいます。また、思い切って役所に行ってみても、適切な窓口にたどり着くまで、たらい回しにされたりします。その過程で、「もういいや」となってしまい、適切な行政サービスを受けられないこともしばしばあります。このようなことが起きないよう、世田谷区では福祉に関する相談窓口を一元化した。しかも、遠い区役所まで行かなくても、身近にある「まちづくりセンター」に行けばいいシステムを作った。これは高齢化社会において、非常に重要な施策だと思います。

保坂　前述のとおり、私は区長に当選して、矢継ぎ早に次々と政策を打ち出すというよりは、住民の声にまず耳を傾けようと思い、車座集会をしました。テーマを決めず、思いつくままにナマの意見を聞きました。

車座集会に来られた方の年齢層は、やはり60代以上が多かったので、介護に関する不安だとか、もうすでに介護を抱えているというお話が多くありました。介護は突然やってくることが多い。子育て・出産のように準備期間が全くない中でやってきます。そうすると大変ドギマギする中、まずどこに行ったらいいかわからないというところから始まるのですね。

多くの人は、世田谷区のホームページを開くことになるでしょう。そして介護関係の情報を探すわけですが、高齢者福祉というだけでも様々な情報が大量に出てきます。この情報の洪水をしっかりと読みとき、適切な箇所にたどり着くことができる人がどれほどいるかというと、なかなか難しいと思います。やはり、情報の読み取り方をナビゲートしてほしい訳ですよね。

海外旅行に行くときに『地球の歩き方』というガイドブックを持ったりしますが、福祉の場合、これがなかなか手元にない。行政サービスの使い方を案内してくれるツールがないんです。それで、皆さん自分に使える行政サービスの窓口に

世田谷区若林まちづくりセンター（ビル1階部分） 世田谷区

たどりつくためにたくさんの労力を空費している。その過程で気力を失い、嫌になってしまうんです。実際、区役所に足を運んでも、中島さんが言ったように、何カ所か窓口を回って、「ここではない」と迷ったりする。そんな経験を多く耳にしました。

この意見を聞いて、自分が住民であり、申請者の立場で考えてみました。やはり、はじめて介護の問題に直面したとなると、制度のことは難しくてわからないし、ただでさえ不安な気持ちを抱えているわけですよね。そんな時に、「ここに行けば、とりあえず福祉のことならなんでもどうぞ」というわかりやすい窓口があったらいいなと思いました。しかも、身近な生活圏の中に欲しいなと。

そこで思いついたのが、第1章でも述べた「まちづくりセンター」の存在でした。世田谷区には、かつて「出張所」と呼ばれていた地域施設が27カ所ありました(現在は28カ所)。これは先々代の大場啓二区長(1975~2003年在職)が、平成の初めに実現して、区民が区役所に行くのではなく「区役所は住民の元へ」という発想のもと作ったのです。当時のキャッチフレーズは「打てば響くまちづくり」でした。住民の近くに区役所が出かけていこうというわけです。

区民を呼びつけるのではなくて役所の方が出て行くのだと。同時に「世田谷独立」というポスターを作って、いわゆる政令指定都市を目指そうと呼びかけました。そのころ80万人近い人口だった世田谷区を政令指定都市に見立てて、行政区にも似た総合支所を作った。さらに「政令指定都市の行政区を超えるんだ」という意気込みで、そこにかなり分権的な機能を付与したんです。

一方、1997年の国会で介護保険法が制定され、2000年4月から制度が施行されました。これに伴って、地域包括支援センター（世田谷区ではあんしんすこやかセンターと呼ぶ）が置かれました。当時この事業所は「出張所」と同じ区割りでつくられたため、27カ所の地域包括支援センターが出来たわけです。しかし、当時の「出張所」は職員がたくさんいたものですから、同じ建物に入る隙間がなかった。近所に民間のビルを借りたり、複合的に作られた広めの行政施設に一緒に入ったりしていました。それでも、機能はバラバラで、「出張所」と「地域包括支援センター」は有機的につながっていませんでした。

この「出張所」は、いま「まちづくりセンター」という名称になっていますが、行政改革の一環で、先代の熊本哲之区長（2003～11年在職）のときに大幅に人数を減らしています。カネも人数もかけ過ぎているという観点で、コストカットの対象になりました。「出張所」が担っていた行政の申請等のできる窓口も、7カ所を残して窓口を閉鎖しました。もともとは1カ所に20人ぐらい職員がいたのが4~5人くらいしかいなくなって、私が区長となり、巡り始めた当時は、「まちづくりセンター」はがらんとしていました。身近な施設が各地域にあるのに、十分に生かされていなかったんですね。

これらの施設をどう考えるか。「まちづくりセンター」を廃止して、経費を削減するという意見も古くはあったようですが、私は逆に「あるものを有効活用しよう」と考えました。安易に廃止するのではなく、どう利用価値の高いものに再整備するのかを考えよう。区内27カ所の行政施設を持つことは、先人の残した宝ではないかと考えたんです。

そうして、福祉のワンストップサービスを「まちづくりセンター」に置くことを思いつきました。きっかけは、27カ所の「まちづくりセンター」で車座集会を開いていたからです。集会の中で、介護や福祉の問題が繰り返し出てきて、「福祉の窓口」はどこを訪ねたらよいのか複雑すぎてわからないという声が相次いだ。「だったら、ここを利用すればいいじゃないか」と思ったのです。ここに福祉のワンストップサービスを置くことで、「まちづくりセンター」に新たな機能を付与しようと考えました。

中島　なるほど。まさに地道な車座集会の中から生まれてきた発想だったのですね。しかし、職員の配置などを考えるとそう簡単ではないですよね。

保坂　おっしゃる通りで、これはなかなか難しい事業再編でした。まずは「まちづくりセンター」と「地域包括支援センター」をドッキングさせ、そこに社協（社会福祉協議会）をもってこようと考えました。これを実行しようとして、指示を出したところ、ベテランの福祉系職員から「どんなに急いでも5年かかりますよ」といわれました。私は食い下がって、「超高齢化の波は待ってくれない。お願いだから3年でやってほしい」と言いました。

1年目に1カ所だけで始め、2年目に5カ所に広げ、3年目に27カ所に全区展開しました。すると、2年目あたりから面白い現象が起こりました。先にもふれましたが、厚生労働省から、審議官だとか局長だとかが視察に来るようになり、元大臣や副大臣も来るようになったんです。やがて、厚労省は、「我が事・丸ごと」地域共生社会というキャッチフレーズを打ち出しますが、国の福祉窓口の地域一元化のモデルになっていきました。

過去の遺産・レガシーを冷静に見て、過去を再現するのではなく、現代的なニーズが強い課題に対して、人と組織と場所を引き合わせて改革をする。あるものを活かすやり方ですね。いまに至る過去、歴史を振り返り、紐解いて現代的に再生させる手法だと思います。

区長として印象深い思い出があります。それは、ある日、下北沢の喫茶店で老齢の女性たちがおしゃべりをしている場面に出会ったことです。私が彼女らの隣に座っていたら、「介護施設とか、私もだいぶ歳だし、だけどいざっていう時に何もわからないよ、私なんか」というような声が聞こえてきました。すると向かい合わせの方が、「何言ってんの、あなた。まちづくりセンターに行ってごらんなさいよ、そこに福祉の窓口っていうのがあるから。ここに相談すれば全部事足りるわよ」と説明する声が聞こえてきた。「あぁ、こうやって当事者に政策が浸透していくのだな」と、ちょっと嬉しかった記憶があります。

「たらい回し」は気持ちが折れる

中島　素晴らしいですね。やはりワンストップサービスであるというのがすごく重要だと思います。私は労働運動に関わったことがあるのですが、その時にワンストップサービスの重要性を痛感しました。リーマンショックの時には突然の解雇で路頭に迷った人がたくさん出ましたが、この人たちは、単に仕事を失っただけではなくて、生きる希望を失っていることがあり、労働相談よりもカウンセラーにつなぐべき人などがいました。あるいは疾患があって医療関係者につなぐべき人もいましたし、「いのちの電話」のようなところにつなぐべき人もいました。不当解雇の場合は弁護士や労働組合につなぐのがいいですよね。しかし、当事者の人は、自分がどこに電話すべきなのかという判断が難しいんです。初めての経験ですし、なかなか知識がない。身近に適切なナビゲーターがいないわけです。

一方、電話の相談窓口はバラバラで、その人の状況と電話窓口がうまくフィットせず、たらい回しになることがありました。精神的な不安や苦しみの中で、相談窓口に行ったり電話をしたりするのは、勇気がいるんです。気力もいります。必死で頑張って、気持ちを奮い立たせて電話したものの「うちではそのような相談は扱っていない」「別の窓口に電話してください」と言われると、気持ちが折れてしまうんですね。次の電話ができないんです。なので、まずはワンストップサービスの窓口で相談内容を聞き、そのまま適切なところにつなぐサービスが、非常に重要な意味を持ちます。ワンストップサービスは、困っている人の繊細な状況に寄り添う重要な施策だと思います。

これが自分の身近な地域の「まちづくりセンター」で行われているというのは、高齢者の方や高齢者と同居する家族の方にとっては、とても安心できるものだと思いますし、厚労省が目をつけるのは当然ですね。

保坂　車座集会で、いま中島さんが言われた「いろんな窓口をたらい回しにされる」という苦情を聞いたのですね。そして、この問題は介護・福祉政策を考える際、非常に重要なポイントだということが分かりました。そこで、相談窓口の明確化に力を入れて取り組みました。

区役所に対する住民の方からの相談では、介護に関わることがかなりのウェイトを占めます。介護保険の申請・適用についてや、介護サービスを受けられるかどうかの相談が多くあり、業務としてもケアマネージャーを決めたり、介護の申請を受けて通知したりと、多岐にわたります。

「地域包括支援センター」（あんしんすこやかセンター）がこの業務を担っているのですが、福祉では専門的にサービスも分化しています。高齢福祉以外に、たとえば、疾患を抱えている方だと、その病気が難病指定されているかどうかとか、どのような条件がそろえば医療費が無償となるのか、個々具体的な情報は、担当外ということになってしまいます。しかし、当事者の方にとっては、きわめて重要な情報で、適切な制度にたどり着かなければ、相談した意味がありません。介護の窓口だけれども、話を聞いていると精神疾患をもつ家族がいて、別の要素との複合的な対応をしなければならない場合だって出てきます。そういう時、福祉分野の介護部門という縦割りでは、十分な対応ができないことがあります。課題に応じて、組織に横串を通す対応が重要なのです。

もちろん介護だけが福祉ではありません。障がい者福祉の問題、発達障がいを抱えているお子さんの問題など、多岐にわたります。このニーズに適切に対応するためには、まず住民にとって身近な窓口を一元化しなければならないと考えました。すべての部署にあらゆる専門家を配置することはできません。そこで、「あなたのそのお話ならここですよ」と「福祉の相談窓口」を明確化しました。

想定していなかった意外な効果

中島　実際、政策として実行する際、困難だったのはどのような点だったのですか?

保坂　当初は、地域住民サービス系の職員と福祉系の職員、そして社協と歩みも仕事も異なる窓口を担う職員が1チームとなり、同一の価値を作るイメージの共有が大変でした。タテ割りと分業の意識が強すぎたのです。世田谷区で、区行政と地域包括支援センターと社会福祉協議会、「福祉の相談窓口」を三位一体でやったのは全国で初めてなんです。まちづくりセンターに社協の担当者を1カ所に一人つける。場所によっては二人つける。これがまず大仕事でした。

しかし、いざ実現すると、意外なことが起こりました。例えば有料老人ホームがありますよね。ここではエントランスにステージがあり、ピアノが置いてあったりしてクラシックコンサートを開催することができたりします。最近の有料老人ホームの事業者は、ホーム内のサービスのほかにも施設周辺の住民との近隣関係に気を遣います。地域とうまくやっていきたいし、近隣とのトラブルを避けたい。良好な関係を保ちたいと願うわけですね。新たにオープンする老人ホームの施設長から「土日はステージが空いているので、地域の皆さんで使ってもらってはどうか」という提案があったりする。

一方、地域には、様々な高齢者の集まりがあります。ハワイアンを踊っているグループがあったり、雅楽をやっているクラブがあったりしますよね。この人たちは「まちづくりセンター」の利用者ですから、同じ建物にいて活動支援をしている社協の人がよく知っています。それぞれの活動内容も把握しています。すると、老人ホームの事業者と調整して、実際に利用できるようにマッチングしていくことができます。

老人ホームは地域の人との交流を図りたい。そして、地域の人たちに認めてほしい。活動をしている人たちは発表のステージがほしい。その両者のニーズをうまくつなぎ、双方の社会資源を繋ぐことで、円滑な地域福祉を実現していく。そんなボトムアップの物語が自然発生的に生まれてきました。これはソーシャル・インクルージョン（社会的包摂）につながり、新しい地域の関係性を作っています。必ずしも行政の意図しない形で地域包括ケアの流れができてくる。このような地域での知恵の出しあいと協力関係が生まれてくることがとても重要です。表面をなでるような役所からの上からの施策よりも、きめ細やかで、地域の事情に即したケアができます。

人々の主体性を引き出すことによって、参加と協働を実現していくあり方は、住民主体の地域福祉サービスの事業体を作りたいという当初からの構想とリンクしています。これには厚労省も注目してくれており、社会福祉法の改正によって、重層的支援体制整備事業というスキームが進んでいます。福祉の分野でも、縦割りでそれぞれについている予算を、一括して柔軟に使えますよという内容です。そのような予算の立て方ができる社会福祉法の改正がなされた。これは、世田谷区から厚労省に要請したものです。

超高齢化時代で地域の福祉をどう回していくかというときに、27カ所も区の「事業所」を作っていてくれた先人の財産があったわけです。ただ古くて狭い場所が多かったので、十数カ所はエレベーター等をつけて、相談スペースも広げて、改築しました。住民が集う施設も複合化しました。区長9年目に、28カ所目になる、二子玉川に「まちづくりセンター」を作りました。

「地域包括ケア」の難しさ

中島　「地域包括ケア」という政策は、掛け声としては素晴らしいのですが、実際に実行するとなると結構難しいですよね。現実的には、そう簡単にはうまくいきません。例えば、国の認知症施策推進総合戦略「新オレンジプラン」の中心的政策として、「認知症カフェ」が注目を集めています。これは認知症の方やその家族が気軽に立ち寄れる集まりのことで、地域の人たちとのつながりを作る場所として設置が進められています。オランダの成功例を参考にして始められた政策で、厚生労働省は力を入れて推進しています。「認知症カフェ」はとても重要な政策で、画期的なものだと思います。しかし、具体的な現状を見てみると、必ずしもうまくいっているわけではありません。いつも同じ人が来る場所になってしまって、地域社会との接点を作ることが難しかったり、認知症患者とその家族に対するセミナーの場になっていて、地域包括ケアになっていなかったりと、機能不全を起こしている場面に出会います。地域社会における参加と協働を実現するのは、それほど簡単なことではないのですが、世田谷区では多元的に実現していますね。その秘訣を是非、教えてください。

保坂　もともと、世田谷区では、社会的課題や福祉に関する市民活動、住民活動が活発だという基盤があったことが大きいと思います。こうした活動が生み出していく政策があります。認知症の話が出ましたが、認知症に関わる条例を作ろうと動きました。「認知症とともに生きる希望条例」という条例です。区議会での決議を経て20年10月1日に施行されました。

この条例をひと言でいうと、認知症に関する価値観革命です。これまでの認知症についての認識は、かつて「不治の病で、罹患したら人格がそれ以前の人とは変わってしまう」とか、「その人の能力が著しく退化してしまい戻ることはない」とかといった考え方が根強くありました。一方で、世界中で認知症の当事者が「私たちのことを私たち抜きで決めないで」と声をあげてきた経緯がありました。障害者権利条約に基づき、世界中の障がい者が声を上げてきたことと重なるわけです。

中島さんがおっしゃった認知症カフェは、世田谷区でもかなり活発に活動しています。認知症カフェに先行して、以前から当事者と地域社会が交わる場が、いくつもありました。認知症の当事者として、自分の話をしたり、いろいろな人と交わったりする社会的な場所がすでにあったんですね。その土台があったからこそ、世田谷区ではいくつかの認知症カフェが活発に運営され、地域包括ケアとして定着しているのだと思います。

「認知症とともに生きる希望条例」では、「できないこと」に着目するのではなくて、認知症の当事者が人間として積み上げてきた「できること」を尊重することに重点を置きました。認知症の人が尊厳を持って、地域の中でやれることを無理せずにやる。それを地域社会がサポートし、時に温かく見守る。認知症の当事者にも、地域社会に居場所と役割がある。そんな環境を整えたいと考えました。

条例の策定過程では、25人で構成される審議会に、認知症の当事者の方3人に委員として入っていただきました。またそれぞれ家族の方にも一緒に来ていただき、毎回意見を言ってもらいながら、条例制定につなげました。

空き家を活用しよう!

保坂　認知症の方への施策は、空き家活用という政策ともリンクしています。これも車座集会で出てきた声なのですが、認知症の皆さんが何か活動を行おうと思っても、なかなかその場所がない。区民利用施設があるけれども、世田谷区は様々な住民の活動が盛んなので、場所の予約が難しい。そんな意見が出てきました。これは認知症の方々だけではなく、多くの区民が抱えている問題だということがわかりました。

区長になって私がやったことの一つに、世田谷区内をなるべく時間を見つけて散歩するということでした。時間をつくって、実際に歩いていると、いろいろなことが見えてきますよね。そして、散歩していると「空き家が多いな」ということに気づきました。統計を取り寄せてみると、区内に戸建ての空き家が2万以上ある。子ども世代が大人になって実家を離れ、親世代が高齢化すると、老人ホームに入ったり、お亡くなりになったりして空き家になるケースが多く出てきます。しかし、いったん住む方がいなくなった家が空き家になったまま、再利用されない。これは、資産を引き継いだ息子や娘、あるいは関係する人たちにとっても、困ることなんです。手入れもしなければいけないし、荒れるに任せておくわけにもいかない。かといって全然知らない人に貸すのも難しい。

実は世田谷区で私が区長に就任するはるか前に、「世田谷トラストまちづくり」という運動がありました。イギリスのトラスト運動などに触発されて始まった運動なのですが、この事業の中に、自らの住まいの一部を地域に開いていくという活用の形がありました。例えば、離れにいたおばあちゃんが亡くなって、そのスペースが空いたので、地域の子育ての空間にしたり、本をたくさん持っている方が管理する私設図書館になったりしました。あるいは、ちょっと集まってお茶を飲んだり、サークルが予約して使ったりするような私設公民館。「地域共生のいえ」といって、活発に利用されていく。こんなユニークな場が区長になる以前から各所にありました。私はそれを全部見に行きました。

それから「ふれあいの家」といって、個人の財産を家一軒丸ごと「福祉のために使ってください」と寄付をされる方がいるんですね。旧い建物をそのまま利用しているケースや、古くなった家をいったん壊してコミュニティー施設的に改築して使っているケースなど、十数カ所ありました。この「地域共生のいえ」や「ふれあいの家」を参考にして、空き家活用を考えました。

元をたどってみると、「空き家活用」の着想は、東日本大震災と福島第一原発事故のため、周辺から世田谷区に避難されてきた方々の住宅支援でした。大熊町や双葉町、富岡町などから、最大で400人を超える避難者が来られたのですが、区営住宅・都営住宅ではなかなか受け止めきれなくなってきました。もうこれ以上、受け入れることができないという数になっても、世田谷区への避難を希望される方が多くいらっしゃり、何とか希望に応えたいと考えました。

ちょうどそんなときに、地域集会で高齢の女性から声を掛けられました。その方は、避難者に対する世田谷区の取り組みについて、私が書いた区の広報紙のコラムを読んでくださり、自分の所有している賃貸物件を、無償で提供したいとおっしゃってくださったのです。また、別の方からは、力仕事のようなボランティアはできないけれども、避難生活を送っている方にマンションの一室を提供することはできるという話がありました。

このようなありがたい声を受け、空き家・空き室などの家屋を「みなし仮設」という形で、被災者に提供できる政策を進めました。例えば不動産市場に出したら20万円とか25万円の家賃で流通する物件を、国の基準値である7万5000円に抑え、「みなし仮設」家賃で提供するものです。これも重要なボランティアですよね。区の広報紙で、こうした物件を持つ方に「居ながらボランティアをしませんか」と呼びかけると、200人ぐらいのオーナーさんが物件提供の名乗りを上げてくださったのです。とはいえ、「みなし仮設」にも基準があって、耐震基準が今のものに満たない物件は難しかったりするため、結果的には100軒ほどになりましたが、希望する避難者の方に入っていただくことができました。

この時にわかったのは、不動産物件を持つ方でも、経済的な収入になるというよりも、社会に喜ばれることをしたいと思っている方が多くいらっしゃるということでした。これはコミュニティーの底力を発揮する要素だし、これからの地域づくりで、大きく伸ばしていけるのではないかと考えました。つまり、金銭的なものではなく、社会的な価値を提供する。それならやってみたいというオーナーさんが、かなりいらっしゃるので、これをきっかけにオーナーさんと借りたい人をマッチングしようという取り組みを始めました。これが世田谷区の空き家等地域貢献型活用事業です。

価値にコミットする

中島　第2章で述べたように、民主党政権の「新しい公共」政策がうまくいかなかったのは、ボランティアや寄付の動機づけを捉え損ねたからだと思います。繰り返しになりますが、民主党政権では、寄付をした人に税的インセンティブを与えることで「新しい公共」を活性化させようとしましたが、寄付の総額は増加しませんでした。人は税金が安くなるから活動に参加するのではなく、価値にコミットすることで自己の生きる意味を獲得しようとするからです。動機づけを功利的に捉えすぎて、本質を見誤ったのだと思います。その点、保坂さんはオーナーさんたちに公共的な価値を提供しようとした。ここは重要なポイントだと思います。

そして、その価値の中には、私的所有という観念をほぐし、シェアの領域を広げていこうという思いがあったのではないかと思います。私も私的所有について、どうしても納得がいかない経験をしたことが幾度かあります。北海道大学に勤務しているとき、札幌に土地を買って家を建てました。その時、空き地になった土地に草木が生えていたのですが、それが「自分の所有物」だということに、どうしても強い違和感がありました。もちろん、その土地やそこにある土、石なども同様です。なぜ、地球の一部分が私の所有物になるのか。そこに自然に生えている草木が、なぜ私の持ち物ということになるのか。どうしても納得ができませんでした。

最近、「シェアリング・エコノミー」に注目が集まり、シェアハウスなども一般化しました。「コモン（社会的共通資本）」という概念も見直され始めています。資本主義と密着した私的所有という枠組みを解きほぐし、少しずつ「コモン」の領域を拡大していければ、公共領域の可能性も広がりますよね。空き家活用とマッチング事業は、このような脱資本主義的な文脈でとらえることができると思います。

保坂　空き家活用の事業も、最初は役所の縦割りの問題に直面しました。福祉は福祉部門が担当で、住宅問題であれば都市整備の部門が担当になり、それぞれがバラバラに動いていました。これではマッチングがうまくいかないと思い、まずは役所を出て、空き家活用に関心を寄せる民間の方たちに声をかけ、空き家活用について話をする場をつくり、「空き家研究会」と名付けました。すると、世の中には休日になれば、街歩きして空き家を見てまわるのが趣味という「空き家フェチ」と名乗る人たちがいるんですね。広告業界とか建設・設計デザイン業界等から次から次に面白い人が集まり、画期的な議論が展開しました。企業の社員寮をシェアハウスにして使っている人とか、住宅を店舗にリノベーションした人とか、とにかく古い家を改装して住むのが好きな人たちが集まり、「空き家研究会」がどんどん賑やかになっていきました。そこで、みんなが「こんな活用をしている」とプレゼンテーションを行い、活発な議論で情報が蓄積されていきました。

議論を尽くした後、世田谷区の住宅委員会という有識者を中心とする審議機関に持ち込んで、議論をしてもらいました。空き家活用のモデル事業に一件200万円の空き家改装費用の支援を行うことになりました。企画者は、審査員の前でプレゼンテーションを行い、採用されると助成金がおりる。この公開審査会は100名規模の熱気ある場となりました。空き家活用の気運が生まれていることを実感しました。

「弱い紐帯」の大切さ

中島　私がすごく面白いと思ったのが、地域共生のいえ「ぬくぬくハウス」です。ここは多世代型の交流の場ですよね。つまり特定の用途っていうよりは、いろいろな人がここに関わり、それまで出会わなかったような人たちが場所を共有しているんですよね。

社会学では「弱い紐帯《ちゅうたい》」(weak ties) という議論があります。これはアメリカの社会学者マーク・グラノヴェッターが説いた議論で、自分にとって価値ある新しい情報は、自分の家族や親友、職場の仲間といった身近な人々(強い紐帯)よりも、普段はめったに会わないような繋がりの弱い人々(弱い紐帯)からもたらされる可能性が高いといいます。グラノヴェッターは転職の研究をしていてこのことに気づいたのですが、確かに身近な人は利害関係の伴う他者なので、逆になんでも相談できる相手ではなかったりしますよね。家庭生活の悩みを職場でするのは気が引けるし、仕事上の関係に支障が出てはいけないと考えるので、あまり相談しないのではないでしょうか。

一方、1年に数回しか会わない知り合いとは、直接的な利害が伴っていないので、案外、いろんなことを相談できたりします。グラノヴェッターは、このような「弱い紐帯」をたくさん持っている人のほうが、自分の狭い世界から抜け出す回路を持っており、転職がうまくいきやすいと結論付けたのです。

私が「ぬくぬくハウス」が面白いと思ったのは、このような「弱い紐帯」が形成される場ではないかと思うからです。日本社会は、どうしても上司―部下、先生―生徒、親―子どものような「タテの関係」と、同僚・同級生といった「ヨコの関係」によって成り立っています。これはすべて利害関係の伴った共同性なので、とっても大切な分、本音を言いにくい関係だったりします。自分にとってどうしても崩したくない関係であればあるほど、「こんなこと言ったら、これまでの関係性が崩れるんじゃないか」と思ってしまいますよね。

これに対して、「弱い紐帯」は「ナナメの関係」を提供しています。これが多世代型の交流の場の利点です。なかなか家族や親しい友人には相談できない子育ての悩みなどでも、ここで知り合った子育ての先輩には、率直に話せたり、相談できたりするのではないでしょうか。日本ではどうしても「絆」のような「強い紐帯」が本当の人間関係だと思われがちですが、実は「縁」のような外に開かれていく「弱い紐帯」も大切だと思います。そういう新しい関係性が生まれる場が、空き家から生まれてくるのは重要ですね。

保坂　その通りで、「ぬくぬくハウス」は多摩川辺りにあって、近くには二子玉川の高層マンションが建っています。この周辺に住んでいる昔からの地域住民だけでなく、高層マンションにお住まいの方たちもやってくるんです。「ぬくぬくハウス」で餅つき大会とかにきて、子どもと一緒にひと時を過ごす。肩肘張らないコミュニティーの中で、豚汁を食べたり、みんなで片付けたり。そういうことがとても楽しいとおっしゃっています。昔の「絆」重視でタテ型社会の町内会とは、かなり違いますよね。子ども連れでやってくると、次第にここが子どもの居場所になっていきます。学校でも家でもないサードプレイスが、自然にできてきます。

日本家屋には、かつて縁側が一般的でした。縁側というのは外でもあり内でもある両義的な場所で、建築文化的にも着目すべき構造ですね。縁側で日向ぼっこしていると気持ちいいのは、内と外の交錯する汽水域のようなあいまいさに漂い、人と世間の中間にあるからですね。しかも縁側があれば、居室への直射日光をさえぎります。こういう構造が日本の気候にあっていたわけですが、その縁側に腰掛けて、近くを通った人とよもやま話をする。ご隠居さんがミカンを食べて、ひと時をまったり過ごすという光景は日本では当たり前でした。空き家の活用というのは、まさに縁側的空間の創出ですよね。

マッチングによって縦割りを超える

保坂　空き家マッチングで言えば、こんな相談を受けたことがありました。かなり広い邸宅にお一人で住んでいる高齢者の方です。「区長、子どもたちも全部出て行ってしまって夫も他界して、この家は広すぎるんです。それでアパートを借りようと思ったら70代後半じゃどこも貸してくれないのよ」と。贅沢な悩みと言えるかもしれませんが、ご本人にとっては深刻な問題です。「こんなことができたらいいな」と昭和女子大学理事長の坂東眞理子さんと話しているのは、たとえば女子学生2人がおばあちゃんの家に下宿をする。その中で一緒に料理をしたり、草取りしたりをする。大学生の親たちは毎月の仕送りに相当額を負担しており、世田谷区だと10万円くらい家賃で消えてしまいますが、その部分を2万円で済むようにする。そんなことが可能になる制度ってできないかと。

いま、親の仕送りが途絶えて中退する学生が非常に多いそうです。一方には、高齢者の孤独の問題がある。万が一、具合が悪くなって部屋の中で倒れたときに、そのまま亡くなってしまうというリスクがある。一人暮らしの高齢の方は、お風呂に入るのも心配なんです。だから、家に風呂があっても銭湯に行ったりする。銭湯だったら、もし万が一倒れても、誰かが助けてくれますから。

同居する学生たちがちゃんとルールを守って、家族同様に過ごせるような工夫ができればいいなと思っています。これも一つの空き家対策ですよね。まだ構想ですが、高齢者の一人暮らしの住宅が空き家になってしまわないようにするためのマッチングです。これまでの行政では、高齢者の孤独対策課というのを作り、一方で学生の貧困対策事業を立ち上げ、双方が全然繋げられていませんでした。ここがいちばんの問題だろうと思います。

中島　その通りだと思います。僕も北海道に住んでいた時期が長くて、地方行政の人たちへの研修の講師をすることが結構あったんですけれども、そのときよくやっていたのは、紙を渡して「自分が携わっていらっしゃる仕事を紙に書いてください」とお願いするんです。1枚の紙に1項目を書いてもらって、それで折りたたんでもらって箱の中に入れてもらう。それをガシャガシャと振って無作為に1枚ずつ引いていってくださいとお願いする。

すると、他の人が取り組んでいる仕事が書かれた紙が出てきます。無作為ですから何が出てくるかわかりません。

そこで、課題を出します。「ご自身が今取り組んでいる仕事と、今引き当てた他の人の仕事を、一つの事業としてつなげてください」と。そうすると、意外な組み合わせができるんですね。保坂さんがおっしゃった高齢者福祉と学生支援のマッチングなどは、私が研修でやっていたことと同じ発想だと思います。

縁側機能の再生も大賛成です。これも札幌に住んでいた時ですが、発寒《はっさむ》商店街というシャッター通り化した商店街に、振興組合の人たちと「カフェハチャム」というカフェを作りました。そして、「商店街は長い縁側」というキャッチフレーズを掲げました。

大型スーパーのレジで、店員さんと長話していると、後ろに並んだ人の迷惑になり、嫌がられますよね。けれども商店街や市場の店先では、お店の人とお客さんが、いろいろとおしゃべりをしています。私も子どもの時、商店街や市場の店主さんに、かわいがってもらいました。お店の人たちは、さりげなく地域の子どもたちを見守っているんですよね。

なので、商店街の振興政策は、社会的包摂であり、高齢者福祉であり、防犯政策でもあるんです。この機能を取り戻すためには、商店街が多くの人の居場所としての機能を取り戻さないといけない。だとすると、スーパーを誘致したり、維持経費のかかる立派なアーケードを作ったりするよりも、いろんな人が集まってくる「縁側」を作ることが大切だと考えました。前述したパットナムの議論を援用すると、ボンディングが「絆」で、ブリッジングが「縁」ですよね。組み合わせを工夫し、地域社会の協働的機能を高めると、思いがけない相乗効果が生まれたりします。何より当事者の方がエンカレッジされ、「次は○○をやってみたい」と主体性が喚起されます。保坂さんは、上から何かを「与える」のではなく、区民の力を引き出す政策がうまいと思います。

待機児童問題――横浜市vs.世田谷区

中島　いま都市の基礎自治体にとって悩ましい問題が、保育園の待機児童問題ですよね。保坂さんは1期目から2期目の頃に、この問題に直面し、一部からバッシングされました。

注目を集めたのは、横浜市と世田谷区の取り組みの違いでした。横浜市は待機児童の数字を一気に減らしているのに、世田谷区は待機児童がワースト。「何をやっているのか」と世田谷区の行政を批判する人たちがいました。そこには横浜モデルの「数字のカラクリ」があったと思いますけれども、この待機児童問題について、10年間の歩みをお話しいただけますでしょうか。

保坂　世田谷区の待機児童は、２０１４（平成26）年～16（平成28）年の間でピーク時には、１０００を超えていました。７、８年続けて全国待機児童ワーストと呼ばれていました。自治体はやはりワーストと呼ばれたくないので、名目上の待機児童数を形だけ、数字だけでも、何としても減らそうとするのです。実は数を減らすのは簡単です。数え方を変えればいいのです。例えば「産休の延長」という人たちは全部待機児童の対象から外すとか、実態は変わらなくても数だけ減らすいろいろなテクニックがあります。

実は厚生労働省も待機児童の統一した定義・尺度というのを作っていませんでした。ですからメートル法と尺貫法をゴチャゴチャにしたような数字で比較して騒いでいたのです。ただメディアは男性社会で、保育の現場を理解していないので、数の比較以上の取材力に欠けていた。数を比べる前に算定の仕方を見るべきだということに、気がついていませんでした。単純に「少ないのがよくて、多いのがダメだ」という話になりがちだったわけです。

実はこれは新自由主義的なものの見方ともつながっていくのですが、どんな形でもいいから保育園をじゃんじゃん作れという声がありました。「待機になった人の辛さを考えろ」と。ガード下とか地下室とかでもいいから、ともかく数を作れと言うわけです。私は子どもの立場を無視するこの種の暴論を退けて、世田谷区はこうした愚劣な価値観とは一線を画し、絶対ダメだと言ってきました。

世田谷区には「保育の質ガイドライン」があります。保育というのは誰のためにあるのか。働く親のために、また労働力を確保したい企業のためにあるのでしょうか。第一義的に保育は、子どものために、子どもの成長・発達を支えるためにあるのです。豊かな情緒の形成とか身体の成育、様々な人間関係を学んでいく大切な場です。その場が粗製乱造され、質が度外視されてしまえば、子どもの一生の基盤形成にかかわってしまいます。そんなことは断固できません。だから、保育の質に問題があれば、事業者には保育園の開設は認めないことを貫きました。

これは横浜市とは対極の方法でした。お金がある事業者が、世田谷区に土地を購入して建物を建てて「さあ、保育園をやらせてください」と言っても、その事業者が他の県でやっている保育園が大人の都合本位で子どもにとって配慮のない環境ということであれば、認めませんでした。許可を与えない法人には問題点を再考し、改善したうえで出直してきてほしいと。厳しい姿勢で臨むことを続けました。

のびのびと運動のできる園庭のある保育園が必要ですが、これは都心部ではなかなか難しい政策です。しかし、世田谷区では何とか余地がありました。世田谷区は面積も広く、東側は都心に地続きで住宅が密集している地域が広がる一方で、西側の多摩川に近い方の多くは少し前まで農地で、今も畑が残るような地域です。可能ならば、やはり園庭のある保育園を優先して作っていきたいと考えました。保育の期間の子どもの生育環境は、大人になってからも大きく影響するほどに重要です。一日一日が何ものにも代えがたい大切な時間です。条件を満たす場所をさがす整備に時間がかかったということがありました。

ネックになったのは、なかなか保育園に土地を提供してくれるオーナーさんがいなかったことです。そこで大手証券会社や金融機関で資産運用の相談役をやっていた人を区の職員に特別採用し、オーナー向けの保育園用地提供についての説明会に出て行ってもらいました。そこでオーナーさんに「資産運用として駐車場がいいですか、アパートがいいですか、それとも保育園がいいですか」と切り出し、様々なデータやシミュレーションをお見せして「保育園用地としての20年間の賃貸借には空き室の心配もなく安定している」と説明します。すると、「なるほど」となって、保育園に土地を貸していただけるようになりました。後は早かったですね。どんどん土地が登録されて、今や1000件近い土地や建物が、保育園の候補地として確保できている状態になりました。

ただ、もうひとつのハードルがありました。壁となったのは世田谷区の賃料の高さです。5年ほど前の相場ですと、1000平方mの土地を年間1500万円ぐらいを賃料として支払わなければいけません。財政負担は法人にとって重い。同じ保育園をやるのであれば、もちろん5000万円ぐらいの賃料でやっていける郊外で保育園を運営した方が絶対いい訳です。民間の保育事業者が決断できるように、世田谷区としても3分の2を負担することを決めました。1500万円のうちの1000万円は区で出すと決めたところ、民間事業者からようやく続々と手があがるようになりました。このころ「緊急待機児童対策」の旗をふっていた塩崎恭久厚生労働大臣に直談判し、支援を求めました。国も待機児童を解消しろと言っているわけですから、そこは協力してほしいと言いました。

不動産のオーナーさんたちにとってのもうひとつの不満は、固定資産税の問題でした。アパートを建てれば固定資産税が6分の1に減免になるのですが、保育園だと減免ゼロでした。ここを何とかしてほしいと訴えたのですが、これは思いのほか話は早く進み、結果的に固定資産税がゼロになりました。直談判した賃料の件も、都市部の賃借料の補助も国も大きく増やしてくれました。あの手この手で政策を進めていき、保育園の数を2倍、そして2・5倍と増やしました。

保育士の待遇を改善する

中島　非常に重要なのは、保育の質を落とさなかったということですね。これは何よりも重要で、やはり保育の質を落としてしまうと、見える事故も増えるのですが、見えない部分での子どものストレスも大きくなっていきます。1人の子どもが占有できる面積が小さくなると、どうしてもぎゅうぎゅう詰めになっちゃうので、ストレスがかかってしまう。保育の質を落とさず、量的拡大を実行するためにはどういう工夫をしたらいいのかを追求したのが素晴らしいですね。しかも見せかけの数字をいじるようなことはしない。複合的な努力の積み重ねと粘り強いアプローチで、10年くらいかけて待機児童がぐっと減っていきましたね。

統計を見ると、区長に就任した2011年の保育総定員数は1万1265人で、毎年順調にこの数は順調に伸びています。21年が2万673人ですから、保育定員で2倍近くにまでなっています。それだけ保育園の数が増えたということですね。しかし、それを超える形で保育園のニーズが高まり、待機児童数も増えました。11年に688人だったのが、

16年には1198人になっています。しかし、17年から減少に転じ、18年には489人にまで減りました。そして、20年・21年と続けて待機児童が国基準でゼロになりました。明確に結果が出ていますね。しかも、保育の質を落としていない。これは一つのモデルになると思います。

もう一つ、保育の質を落とさないことの本質に、保育士の人たちの待遇の問題が残っています。これをどう上げていくのか。やはり低賃金労働であることが明確です。しかしコロナ危機でもはっきりしたように、保育の仕事は重要なエッセンシャルワークです。保育士の労働条件を高めていかないといけない。高い離職率を下げていく必要があります。

デヴィッド・グレーバーの『ブルシット・ジョブ』という本が話題になりましたが、グレーバーは、必要のないような仕事がやたらと高給取りになっていて、エッセンシャルワークが非常に安い労働賃金で成り立っていることを問題視しています。グレーバーは「本来あらゆる労働はケアリングである」と言っています。その通りだと思います。保育士さんもそうだし、介護士さんだって、物流関係者だって、スーパーの定員さんだって、みんな他者の生活をケアする仕事です。エッセンシャルワークの本質はケアリングです。なのに、相対的に賃金が低く、待遇が悪い。このような労働問題が保育の現場には深刻な問題としてありますが、世田谷区はここにも手当てを行っていますよね。

保坂　国が時限的に作った制度ですが、保育士さんの宿舎を社会福祉法人なり株式会社が借り上げた場合、8万2000円を上限に国・東京都・世田谷区が負担するという制度があります。住宅家賃8万2000円を減らすことができます。要は、8万2000円の物件なら賃料が無料になり、可処分所得がそれだけ増えるわけです。すぐに世田谷区も導入しました。賃金ではありませんが、保育士さんの生活をバックアップし、待遇改善を行っています。多くの保育士が利用し、待遇の底上げにつながっています。

「子どもの声は騒音なのか」

保坂　もう一つお話ししたいのが、「子どもの声は騒音なのか」という問題です。世田谷区内には小学校が61校、保育園だけで360くらいあります。小学校区に6つぐらいの認可保育園があるのです。そうすると、どうしても住宅街の中に保育園ができます。
一時、区内の各所で保育園反対運動が勃発した時期がありました。保育園は必要だけれども、うちの隣はやめてほしいというのです。迎えに来た保護者の自転車が邪魔になったり、そこでおしゃべりをする声が気になったり、交通にも支障が出るのではないかと懸念されるのです。このような近隣住民の不安はよくわかります。急激な環境の変化は、誰だってストレスになりますし、これまでの静穏な状態を保ちたいというのは環境の変化を警戒する人間の心理だと思います。

なので、徹底的に住民説明会をやることにしました。反対の声の強いところは2年から3年続けました。その間、計画を先延ばしにして、丁寧に説明しました。たとえば、「目隠しを作ってほしい」とか「近所に音が聞こえないように遮断する擁壁を作ってほしい」とか、いろいろな要望が出るんですね。もちろん子どもの環境を損ねないことを前提に対応しました。しかし、こうした声を聞きながら、私の中で湧きあがってきた疑問がありました。それが「子どもの声は騒音なのか」という問いかけです。

ある保育園の親からこんなメールが届きました。「保育園でお昼を食べたあと子どもが園庭に出るのですが、必ずクレームの電話がかかってきてしまうので、午前中しか使えない」と。だから、声を出さないように指導しているというのです。これまでの行政は住民のクレームに対して、「ちょっとそれ考え直してくれませんか」「そのクレームを違う角度で考えませんか」とは絶対言わなかったのですよね。今日、問題となっている過剰なクレームをくり返すようなカスタマー・ハラスメントを生んだ、「お客様は神様だ」的な小売業の世界と近いかもしれません。「ごもっともでございます」ということで300万円、500万円かけて騒音防止の大きな壁を苦情のある民家との間に作るようなことをやってきました。あるいはその場の困難を回避するために覚書みたいなものを締結して「午後は園庭に園児を出しません」といったことを約束してきました。

これは問題だなと思って調べたんです。ドイツでは、かつて騒音規制が非常に厳しく、ハンブルクの幼稚園がうるさいという訴訟で裁判所から閉鎖命令(2008年10月)を受けたこともありました。この時、ドイツでは親が座り込んで「子どもの声は騒音じゃない」「未来を告げる鐘の音なんだ」と主張した。これを受けて、ベルリン市が条例で、環境騒音から子どもに関わる音を除外しました(10年)。施設の扉が閉まる音とか、足音とか、声などいろいろありますよね。これは騒音ではないと認定し、条例を改正しました。その後、連邦法(11年)にも反映され、ドイツにおいては子どもの声を騒音から除外していくんですね。以降は、騒音規制違反で提訴できないようになっていった。

私は、これに共感しました。そして、SNSで「子どもの声は騒音かどうか考えてみよう」と呼びかけました。すると、2週間足らずで、60人くらい集まりました。「騒音じゃないよ」という人たちが多数派でしたが、中には「聴覚過敏症という症状があり、子ども特有の甲高い声がとっても苦手という人がいることを理解してほしい」という重要な声もありました。「子どもの声にクレームをつけると村八分にあうような動きを、行政権力がサポートをするのはやめてほしい」「異議の声をあげた人に対して力ずくで封じるようなことはやめてほしい」という声もありました。

そんな意見を踏まえたうえで、「子ども・子育て応援都市宣言」（15年）を策定しました。子どもは、子どもがいる人にとってもちろんだけれども、子育てが終わった人、子どもをもうけなかった人にとっても、地域の宝・未来の宝、そして今の宝なんだと確認していこうというものです。子どもの存在を全面肯定しようじゃないかと打ち出したのです。世田谷区はそういう街を目指していく。保育園反対運動の皆さんも含めて理解していただきたいという考えで、取り組んできました。児童館や保育園など、子どもに関わる人たちと一緒にワークショップを積み重ね、宣言に至りました。

ひとつながりの子育て支援――ネウボラ・チーム

中島　この宣言の延長上に「ひとつながりの子育て政策」というものがありますよね。

「ネウボラ・チーム」というのが世田谷区にはあります。これは保健師さん、子育て応援相談員、母子保健コーディネーターなどが連携して、さまざまな形で子育てをフォローしていく制度です。

これはとても重要なシステムで、先ほどの「ナナメの関係」とも連動するのですが、子育てって、親などの家族にはどうしても相談しにくい側面がありますよね。近しい人ほど、生活が密着しているので、相談しにくかったりします。そうすると、子育て中に孤立し、すべて一人で抱え込んでしまうケースが多く出てきます。これは本当に大変だし、ストレスが溜まります。子育てに対して、積極的な気持ちになれないことも出てきてしまいますよね。

そんな中、様々なサポートを多角的に行うシステムが、世田谷区では作られてきました。例えば、産後の不安定な時期に、ショートステイとかデイケアとか利用できるようにする。困ったことがあったら、何でもすぐに相談できる。時には、子どもを一時的に預かってもらい、息抜きができる。そんな様々なニーズにチームでこたえられるようにしているのが「ネウボラ・チーム」です。これも縦割り行政の弊害を乗り越える施策ですね。とにかく、ひとつながりに、切れ目がなく、問題に直面した時にサポートしてくれる人がいるというのは心強いですね。しかも、毎回、一から状況を説明しなくてもいいので、気軽に相談しやすい。これは教育ジャーナリストとして保坂さんが長年活躍をされてきた知見が活かされていると思います。

保坂　ネウボラとはフィンランド語で「相談の場」という意味だそうです。フィンランドには「ネウボラおばさん」と呼ばれる保健師さんがいて、カップルで妊娠がわかると、特定のAさんという保健師さんが付き、学校に入るまで担当するのです。保健センターにアクセスすることで、「ネウボラおばさん」が子育てに関するあらゆる手続きの窓口となり、ずっと子育てに伴走してくれるという制度でした。

これに触発され、世田谷区で「世田谷区版ネウボラ」を導入しました。妊娠届を出した時に保健師が面談をし、パパ・ママになるご夫婦の教室を開きます。そして出生届が出ると、保健師・助産師による家庭訪問があります。そして定期検診の際にも対面して相談を受ける。細かいサービスが妊娠期から乳幼児期に多数入るようにしています。

問題点は、毎回違う人が担当になってしまうことです。フィンランドは人口が少ないので固定した「ネウボラおばさん」をつけることができるのですが、世田谷区では現実的ではありません。そこでせめてチーム化して、ひとつながりの育児支援を意識して、みんなで応援していく形を取るというのが世田谷版ネウボラです。

ここで、重要なのは、事業の核となる保健師は、それぞれ配置されている場所が違っても、みなさん横に繋がっているということです。保健師さんたちの声を聞くと、「本当は母子保健をやりたいけれども、日常が忙しすぎてキリキリ舞いで、できることに限度があります」という声がありました。本当は28カ所のまちづくりセンター単位で、保健師も含めたネウボラを置きたかったのですが、まず総合支所のエリアの5カ所でスタートすることにしました。これも保健師のみなさんとよく相談し、その規模なら何とかできるということで進めました。

中島さんが触れてくれたのは、「産後ケアセンター」ですね。ここは、桜新町にあるのですが、大変な人気です。区民であれば、出産直後から赤ちゃんと共に母親が利用できます。利用者は、実家が近くにないお母さんがほとんどです。最近は長屋的な世話好きなおばさんも、目に見えるところにはいませんよね。子育てのあり方が大きく変わっていることに、しっかり目を向けなければなりません。

子どもが夜泣きをする時、ひきつけを起こした時どうすればいいのか、離乳食はどうするのかなど、相談したいことはたくさんありますよね。みんな未経験なんです。これを一週間、赤ちゃんと一緒にシティホテル風の居室に泊まって、助産師さんの講座を受け、時には体操をし、プログラムが組んであって、ママたち同士で交流することで、ゆっくりしてもらいます。実家の代わりですよと。

ソウルには「産後ケアセンター」が二百数十カ所あるそうです。台湾にもあります。だから日本の女優さんがわざわざソウルとか台湾に出かけて、ここに入ってくるっていう話もあるくらいです。日本にはなぜ少ないかというと、法的な位置付けがなかったからです。国に対して何度となく働きかけをし、ようやく母子保健法の改正案の中で産後ケアセンターが法内に位置づけられた事業となりました。２０１９年末のことです。産後ケアセンターは、国レベルではまだ入り口に立ったばかりです。

中島　やはり日本人は、社会のあり方が大きく変わったということをよく理解して子育ての問題を考えないといけません。サザエさん一家のように、３世代同居が一般的だった社会から、社宅に住んで、ご近所といっしょに子育てができた時代。そんな状況と今では、置かれた環境が全く違います。なのに、上の世代は自分たちの子育て経験の常識で口出しし、今の若い世代は甘えているといった見方をしてしまいます。上の世代には子育てをしやすい社会的環境があったんです。それを崩してきたのは、上の世代の人たちであって、そのしわ寄せを若い世代に押し付け、自分たちの常識で説教をするということは、してはいけないことだと思います。それよりも、私たちが社会変化の中で失ってきた子育て支援の機能を、どのように行政と連動しながら再構築していくかを考えなければなりません。産後ケアセンターを「実家の代わり」と言って、利用を促すと、本当に楽になる親がたくさんいると思います。

先ほどフィンランドの例を出してくださいましたけれども、子育て政策によってフランスも、少子化から出生率の反転を実現してきました。大切なのは、社会全体が「子育てはとにかく大変なことなんだ」ということを共通意識としていることです。「そんな大変なことは親だけではできない」「社会全体でケアしていかなければならない」という共通合意があることが重要です。その上で、行政が「親になることの支援」と「親であることの支援」をひとつながりで行う。乳幼児期からの子育てを社会的にケアして、サポートしていく。そういう体質がとても大切なことだと思います。世田谷版ネウボラがさらにパワーアップし、各地に広がっていくことを期待しています。

公設民営のフリースクール——ほっとスクール

中島　もう一つ私が画期的だなと思うのが「ほっとスクール」の存在です。不登校の子どもに対する公設民営の教育支援施設ですよね。いろいろな理由があって学校に行けなくなってしまった子たちの存在は、非常に大きな社会問題です。これまでは学校教育から外れてしまった子どもたちは放置され、家庭が抱え込んできたわけです。

親としても、子どもを学校に行かせることには、思いのほか不安が付きまといますよね。いまの親世代は、子どものときに学校で激しいいじめを見たり経験したりしてきたわけで、「子どもが学校でうまくいかなかったらどうしよう」「いじめられたらどうしよう」という不安は、多くの人が抱えています。不登校になると、自分の仕事も続けられなくなってしまうし、生活が大きく崩れてしまう可能性があります。

そこを公的にしっかりとケアしようというのが、「ほっとスクール」ですね。近年、民間のフリースクールは多くできてきましたが、これを「公設民営」という形で設置するのは、とても画期的です。もし子どもが地域の学校になじめなくても、オルタナティブな選択肢があるというのは、とても心強いものです。

実際の「ほっとスクール」の様子を見てみると、子どもたちがここで気力を取り戻し、気持ちが前向きになったら、また地域の学校に戻っていたりしますよね。そんな循環が「ほっとスクール」を通じてできています。

保坂　認知症ケアの問題と重なる部分があると思うのですが、かつては「登校拒否は病気だ」とされてきたことに、大きな問題があると考えてきました。これは70年代の終わりから80年代にかけてメディアでも、かなり支配的な意見でしたね。戸塚ヨットスクールが映画になって賞賛され、甘えた子どもを叩き直すのだと言って、暴力的なことを特訓と称して行った。その結果、海上で行方不明となった死者を出すわけです。

一方で、「登校拒否は病気じゃない」という叫びが、子どもたちの親たちから上がり始め、受け皿としてのフリースクールに注目が集まりました。マンションの一室で始まった「東京シューレ」というフリースクールはよく知られています。

その当時、私が運営していた「青生舎」と名付けた私設若者交流センターも、都心に3LDKのマンションを借りて、そのほとんどを若者に開放していました。そこに顔を出す子たちの中に、親との葛藤や自責感にとらわれて不登校で悩んでいる人が大勢いました。

やがて、文部科学省が「登校拒否は誰にでも起こりうる」と方針を大転換していくわけですね。

しかし、それからも長い間、行政が不登校の子たちに対する施策というと、学校に引き戻すことばかりが追求されました。それは不登校の子どもたちの受け皿とする「適応指導教室」という名称にも表れていますね。世田谷区でも「ほっとスクール」という名前で「適応指導教室」が2カ所運営されていました。

ある時、自民党の馳浩さんを中心に、フリースクール法を作ろうという機運がもり上がりました。安倍内閣で文科省事務次官を退職した前川喜平さんは、当時、夜間中学をどうしても支援したいとがんばっていました。思いが結びついて、教育機会確保法という法律が国会で通りました。ここで初めて、学校以外のところで学び舎《や》・成長発達の場があるということを法律が認めた。子どもは休息することがあるんだという形でまとめました。

この法律が通ったおかげで、不登校の子どもたちのための「第三のほっとスクール」の運営形態をがらりと変えることになりました。そこでできたのが「ほっとスクール希望丘」です。この施設は、かつて中学校だったところに作ったものですから、大変広い床面積を持っています。1階が保育園、2階がほっとスクール、3階が青少年交流センターと

ほっとスクール希望丘の多目的室　世田谷区

いう作りになっています。

ほっとスクール希望丘を開校してみたら、見学者がどんどん来て、いまや見学をするのも数カ月待ちくらいです。ものすごく需要が大きいことに、あらためて気づかされました。

ここに通う子のあるお母さんの声ですが、娘さんが1年生の半ばくらいから学校に行かなくなり、本当に家の中でふさぎ込んでいたと。「1年生の2月にほっとスクール希望丘に入れて、人が変わりました。自分で起きて支度をして、行ってきますと言って登校し、帰ってくる。本当にありがたい」と。親子の日常が全く変わったと喜ばれました。1年生から学校に行けないっていうことで、「この子の将来はないんじゃないか」とか、「もうすでにみんなが学校で勉強しているのに置いていかれてどうなるんだろうか」とか、いろいろ悩むわけです。親も不安だし、孤立している。子ども自身が親の不安を敏感に受け止めて落ち着かない日々を過ごしていたそうです。

しかし、ほっとスクール希望丘に行ってみると、ゲームをプログラミングする機会があったり、裁縫のセットで面白い刺繍を作るプログラムがあったり、料理を作ったり、発表会をしたりする。周囲に対し溶けこめず警戒心が強い子も、何もやりたくないお子さんが、ぼーっとしていても干渉されずに、何も言われない。何かやりたければどんどん実現してあげるよという空気の中で、コチコチに固まってきた体がほぐされていくんです。

焦らずに待つことも大事です。そんな中で意欲が内発的に出てくる。子ども自身の内側から出てくる主体性を育てる。そんなことをやっています。次に世田谷区の教育委員会では2022年春には不登校特例校を設置しようとしています。ほっとスクールは学校ではないのですが、不登校特例校は区立学校の分校として作っていこうと考えています。さらに芸術文化を専門に徹底的にやっていくような公立学校も作ろうと構想しています。アートスクールですね。

不登校のお子さんにもいろいろなタイプがあります。静かにひとりでじっとしていたい子もいれば、意欲がありすぎて、学校にハマれないタイプのお子さんもいますよね。私なんかもそうだったのかもしれません。とにかく、それぞれの子が自分の特質に合わせて選べるようにする。そんなことを目指しています。

「余白をつくる」こと、学校が外とつながること

中島　ほっとスクールの重要なポイントは、「余白をつくる」ということだと思います。学校というのは時間割や行事、プログラムが、ガチガチに決まっているのですけれど、子どもの主体性を引き出すためには余白とかスペースがどうしても必要ですね。この余白のなさが、子どもにとってはプレッシャーとなり、学校から足が遠のく一因になっているのだと思います。型にはめるよりも、やる気を引き出すことが重要ですよね。

世田谷区でお子さんを学校に通わせている親は、やはり安心感があると思います。いじめの問題はなかなか解消されませんし、いつだれがいじめの対象になるのか、非常に不透明になっていると言われています。そんな中、オルタナティブな選択肢があるのは素晴らしいことです。地域の小学校でうまくいかなかったら世界が終わるというのでは、あまりにも過酷です。別の方法がしっかりと用意されているというのは、重要ですね。

保坂さんは教育ジャーナリスト時代に「逃げること」の重要性を説いていらっしゃいました。いじめが起きた時、まず大切なことは、その場から逃げること。距離をとること。自分で解決しようとして、より状況が悪化し、追いつめられると大変なことになります。

ほっとスクールの設置は、「逃げる」ことを行政が全面的に支援する仕組み。「逃げる」ことは消極的な姿勢ではありません。とても積極的な行為です。それを行政が公的にサポートし、正当性を付与することは、子どもにとっても、親にとっても、心強いと思います。

保坂　ほっとスクール自体は避難所としての機能を果たすわけですが、学校ってそもそも自己完結的な組織で、どうしても閉じる力が強いですね。問題を表面化させずに内々に済ましてしまう。いじめがあっても「君の勘違いだよ」などと言って済ませてしまいがちです。「お子さん、少し過敏になっているようです」という形でいじめを認めずに封じ込めてしまうっていうことがよくありました。

そのため全国各地では、教育委員会や学校が保護者と対立することが多くありました。世田谷区では、子どもの側に立って問題を解決する「せたホッと」（せたがやホッと子どもサポート）という愛称の「子ども人権オンブズパーソン」を置きました。子どもの人権擁護委員ですね。大学の先生2人と弁護士1人の計3名で委員を構成し、子どもの話を聞く臨床心理士などのカウンセラー4人を配置しています。そこに事務局があって、全体で12、13人で動いているんですが、子どもの認知度が非常に高いんですね。

子どもが「何年何組の誰さんがいじめで暴力を受けてかわいそう」って泣きながら電話してきたとします。すると「せたホッと」のメンバーが学校に行きます。行って学校長と担任の先生と話し合い、どうやって問題解決するか、よく話し合いながら共同作業に入るんですね。学校の内部で完結させず、外としっかりと連携しながら対応します。

80〜90年代に子どものいじめの事件や悲劇が相次ぎました。SOSを出したのにどこにも届かず、子どもが自ら命を絶ってしまった。サインは明らかにあったのに、学校も世間も見逃していた。そんな事件をメディアが大きく取り上げました。私はそうした事件のほとんど全ての現場に行き、当事者とお話をしたり取材をしたりしながら、考えてきました。その経験や蓄積を政策化することができた。

とにかく学校は自己完結的に閉じてはいけない。第三者を入れて共に解決していく。学校の外側にいろいろな世界が広がっていることを、子どもたちに理解してもらう。特急だけが走る路線じゃなくて、各駅停車もいい。時々枝分かれして、迂回していってもいいし、途中下車をしてちょっと休んだっていい。そういうことを何百本と原稿に書いてきました。国会議員時代は「チャイルドライン」を応援し、児童虐待防止法という法律も作りましたが、区長になってやっとやれたことが多くありました。

中島　ほっとスクールは非常に大きいですし、「せたホッと」も重要ですね。テレビ朝日の「報道ステーション」にレギュラーコメンテーターで出ていた時、いじめのニュースがありました。私は、事件の詳細については解釈を加えず、相談窓口の電話番号をテロップで流してもらいました。そして、テレビの前でいじめに悩んでいる人がいたら、まずは学校の外の窓口に電話してほしいと呼びかけました。そして、親も子どもも、学校の外に相談窓口があることをしっかりと知っておいてほしいと話しました。

若者の声を聞き、自主性を引き出す

保坂　20代のころから子ども・若者問題にかかわってきた者としては、若者たちのアジール（避難所）が重要だということを痛感してきました。若者たちにとってはいつも立ち寄れる居場所は重要です。競争の中で自信を喪失したり、どのように生きたらよいのかがわからなくなったり、家庭の事情で自分の落ち着く居場所がなかったりする時、ここにいけば仲間と会える場所、誰からも迫害されない、否定されない。そんな居場所を何としても作りたいと考えました。実はそれが青少年交流センターで、区内に3カ所立ち上げました。

希望丘青少年交流センター　世田谷区

先ほどのほっとスクール希望丘の3階にあるのが、希望丘青少年交流センターです。

若者だけでなく、小学生までやってきます。ごろんと寝そべって漫画を読んだり、カフェで勉強したり、ダンスやバンドの練習をしたり、各々やりたいことをやっています。大きなホールがあるので、練習成果の発表ができたりします。音楽の練習室もありますし、料理を一緒にやるような大きなキッチンもある。試験前にはぎっしりと埋まる自習室もある。

この施設をつくる発端になったのは、子どもたち自身の提案だったんです。中高生からも直接、意見を聞く機会を作りました。すると、泊りがけでプランを練る合宿をやって、「中高生の城」という構想を打ち出してくれました。子どもたち自身が、すべて運営する拠点を作りたいというのです。これを区の政策にしてほしいという提案でした。

ここに夢と現実をつなぐ力がある職員がいて、「千歳烏山駅で信用金庫の建て替えがあって、古い支店が空店舗となる。世田谷区の施設改修計画で、やがては、まちづくりセンター・出張所として使う計画になっているけれども、1年くらい使わない期間があるので、そこを社会実験的に使えないか」という提案です。それはいいと賛成し、大学生がNPOを作って運営する形で、実験事業をやりました。

最初は商店街など周りの人は懐疑的でした。若い人たちが毎日集まると何するかわからないと。だけど、始まってみると連日子どもたちが集まってきて、ワイワイ遊ぶだけじゃなくて試験前は自主予備校みたいになったんですね。それぞれバンドの練習をやったり、行事をやったりしていましたが、しっかり自分たちで自治会を作って、見事に運営をしていました。商店街のお祭りにも参加してスタッフとして汗をかく若者たちに、周りの大人たちの見る目が変わりました。大学生たちのNPOもたくみに伴走していたんですね。希望丘中学の跡地で何をしようかと話し合っているときに、大人の側から「銀行の支店跡でやっていたような若者の拠点を作って欲しい」という声が上がりました。高齢化する中で若い世代から地域の担い手を作るために、ということで提案があったんですね。地域が若者の活動拠点を呼び込んだ形です。

それからのプランニングは、大学生・高校生たち12人が、半年間かけて建築の専門知識のある職員と一緒に、空間デザインを創りました。その結果、われわれには考えつかないような大空間になりました。私たちが何か構想すると、まず機能別に部屋をいくつも作ろうとしますよね。ところが若者たちが描いたデッサンはなるべく仕切りをなくして、全部ぶち抜きだったのです。なにか支障があれば、その時にパーテーションで仕切れば良いという発想です。見通しのよい広場みたいな空間ができました。私自身、子どもや若者だった時、そんな場所があったらいいなと密かに願っていたことをやってくれました。本当にうれしかったですね。

中島　保坂さんに一貫しているのは、「ほっとスクール」も同様ですけれども、若者に「こうしろ」って言わないことですよね。余白を作る。そこから主体性を引き出す。保坂さんはそれこそが民主主義の場所なんだと考えていますよね。街の中で熟議をすることや、下北沢の街づくり、車座集会なども、青少年交流センターやほっとスクールの延長上にあるものとして構想されている。子どもは選挙権を持っていないけれども、この国の大切な主権者として保坂さんはみているのだと思います。これこそ熟議デモクラシーの実践ですね。

保坂　若者支援をやる時に二つ柱を立てました。一つが元気な若者たちを対象にした事業です。元気に活動的に交流できる若者たちの居場所、拠点を作ろうと考えました。もう一つは生きづらさを抱えていて居場所がない、外に出るのが難しい若者たちの支援です。この場合、若者といっても30代も含みます。一応定義で言えば39歳までの人たちに対して「メルクマールせたがや」という、ひきこもりの当事者と家族の支援施設を作りました。世田谷区には推定で6000人ぐらいの引きこもりの方がいますが、この方たちが社会との接点をもてるようにしました。

児童相談所をつくる！

中島　保坂さんは、23区の区長で構成する特別区長会で、区に児童相談所を設置する議論をリードしました。そして、2020年4月に世田谷区児童相談所設置にこぎつけました。

保坂　児童相談所の設置は、この10年間区政を担当する中、子ども関連では最大の仕事だったかもしれないですね。職員150人の組織として発足しました。

児童相談所は、保護者の病気や死亡、離別などの事情で、子どもが家庭で生活できなくなったときに、重要な機能を果たします。あるいは虐待など子どもの生命や、人権にかか

世田谷区児童相談所（松原６丁目）　朝日新聞

わる問題にも深くコミットしています。その仕事は、子育ての現場と深くかかわっているので、本来、身近な行政の管轄であるべきです。しかし、児童相談所は東京都の管轄で、例えば児童虐待の問題だということになると、急に区政から切り離されてしまっていたのです。

　世田谷区には子ども家庭支援センターという組織が総合支所ごとに5カ所ありますが、以前は、ここで担当していたケースでも、児童相談所にかかわる案件になると、区はタッチできなくなります。児童虐待のケースですと、親子分離が進められますが、なぜこの時だったのか、その判断の根拠などは区側には知らされません。東京都と世田谷区に断層があるわけです。児童相談所をめぐって各地で起きている悲劇は、この断層の亀裂の中に子どもの命が落ちてしまった事例が多いのです。

　やはり児童相談所は、住民にとって身近な自治体でやるべきであるということで、時間をかけて準備しました。児童福祉の研究者や医師・弁護士の立場から子どもに関わってきた方など専門家の方々に加わっていただき、本当に熱心に議論していただき、制度設計をしました。一時保護所は、いわゆる集団収容ではなくて、個室にしました。ユニット制にして、少人数のお子さんと職員が一緒にご飯を作って食べています。そうするとローテーションも増え、職員数も増えました。

この国ほど児童福祉にお金を使わなかった国はありません。虐待から子どもを守るといいながら、一時保護所の実態は収容施設だったんですね。子どもたちが食事の時、向かいあう相手の目を見てご飯を食べていると懲罰を受けるんです。目と目が合ってはいけないという少年院の規則がなぜか一時保護所に入り込んで、子どもたちを規制する。これを大転換するのが、今回の世田谷区の児童相談所のスタートにおける核心部分でした。

「同性パートナーシップ宣誓」

中島　世田谷区は2015年に「パートナーシップ宣誓」の取り組みを開始し、同性カップルの認証制度を整えました。これは画期的で、大変注目されました。そして、全国に波及し、導入する自治体が次々に出てきました。

保坂　上川あやさんという、ご自身がトランスジェンダーでもある方がおり、世田谷区議会議員として活躍されてきました。上川さんは、ずいぶん以前から学校教育の中でLGBTQのことを取り上げるようにとか、区の書類の中で性別欄ってなくていいんじゃないか、ということを世田谷区議会で提案をし、成果を出してこられました。また、世界各国の事例を示され、「なんらかの形での証明書をつくれないか」と問題提起もされてきました。この活動が土台にあって、「パートナーシップ宣誓」の制度ができます。

2015年の春に、上川さんの紹介により、世田谷区内に在住する男性同士、女性同士で暮らしてきた人たち合計16人の当事者の方が私を訪ねてこられました。そして住民票・納税証明を提示され、私たちはちゃんと税金を払っているのに、市民としての権利が守られていないとおっしゃった。家を借りるのも大変で、パートナーが病気の時に、病院で寄り添おうとしても入室を拒否されて相手にされない。そのような一人一人の体験を聞きました。

最後にその場にいたみなさんがおっしゃったのは、「区長、証明書を出してください」と。私たちがパートナーであるっていうこと、夫婦同様の関係であるっていうことを、何らかの形で証明してもらえないでしょうかと言われました。

しかし、区としては、憲法や法律の外側に条例を作ることはできません。区から私の名前で証明書を出すとしても、法的拘束力はありません。法を変え、制度改革にまでつなげるのは、最終的には、やはり立法府である国会の仕事になります。

しかし、「みなさんの思いはわかりました」と答え、何とか方法はないか必死で模索しました。区役所内で内部調査に入り、可能性を探ったのですが、「そんな証明書は出せません」と頭を抱える時期もありました。そこで考えたのです。これは私のアイデアですが、当事者の方に「パートナーシップを持って今後の人生を歩んでいくんだ」ということを表明してもらい、「同性パートナーシップ宣誓」という文書を、二人の署名入りで区に出してもらう。区の方は、その書類を受け取ったという受領書を出す。これだったら区長の裁量行為でできるのではないかと考え、進めました。

パートナーシップ宣誓受領証の交付
(2015年11月)　朝日新聞

この受領書に、法的拘束力はありません。遺産相続などのパートナーとしての権利は、依然として確立できていません。しかし、受領証を契機として、公正証書で互いに財産に関わる約束を取り交わすことはできます。いろんな手段と方法を組み合わせて、現行法のままでもなんとかやれることはあります。
このことがニュースで報道されると、大変な反響がありました。そして、携帯電話会社も旅行会社も、家族割を適用しますということになりました。いまや80以上の自治体がこの制度を採用し、総人口で4000万近い人たちが、この制度下で暮らしています。ここまで規模が拡大しながら、立法府である国会では立ち止まったままです。その後の区議会でのやりとりでLGBTQ差別の禁止も含む「世田谷区多様性を認め合い男女共同参画と多文化共生を推進する条例」（2018年）ができたり上川さんからも制度改善の提案を受け、実現にむかっています。

中島　可能なことから実現していくことがいかに重要か、よくわかります。ゼロか1かじゃない。その間に無数の選択肢があり、可能なことを探してやっていく。一歩でも前に進め突破口を開いていく。そんな姿勢がよく現れた、非常に重要な制度だなと思いました。

第4章　これからの日本へ

コロナ対策から見えた日本の脆弱性

中島　２０２０年に入ると、コロナの問題が自治体を直撃しました。３月21日の連休前後から感染者数が増えていき、保健所の帰国者・接触者（現・発熱）相談センターの電話がつながらないというような目詰まり状況が生まれました。感染の疑いがある人が37・５度以上の熱があっても４日間は待つようにというルールがあり、症状があっても入院できず悪化して、重症化するケースが出てきました。ＰＣＲ検査も全然進まず、オリンピックの延期を決めるまで、国や東京都の対策が遅れました。改めてこの時期を振り返っていただけますでしょうか。

保坂　２月にダイヤモンド・プリンセス号が横浜港に着岸したものの、乗客を下船させずに船内感染の大変な状況が生まれましたよね。その対処の様子を見ていてこんなやり方で大丈夫かなという不安が脳裡をよぎりました。下船後は、「家に帰るのにバスや電車などの公共交通機関を使ってください」と指示するなど、対応がちぐはぐで、指示系統がバラバラという印象がありました。そのうちに３〜４月の全国的な第１波が来るわけです。世田谷区でも中国やヨーロッパなど外国からの帰国者の中から少しずつ発熱などの症状を訴える患者さんが出てきました。

それまでもSARS、MERSやエボラ出血熱など世界的に問題となった感染症はあったわけですが、新型コロナのような全面的な危機には至りませんでした。その結果、保健所の体制も小さく、対応も3月までは従来の踏襲《とうしゅう》、さらに、延長でした。「従来の」というのは、つまり対応のすべてを保健所でやるということです。電話相談を受け、感染の疑いがあれば、検査に誘導する。その人に来てもらうのでなく、保健所の所員が防護服を着てお宅を訪ねて検査し、防護服を脱いで検体を持ち帰り、その検体を検査所に運び、陽性結果が出たらご本人に告げ、入院手配をし、再び自宅まで迎えにいって入院先まで付き添い、見送る。週に数人ならどうにかなるのですが、10人・20人となるとキリキリ舞いになり、とても対応しきれなくなっていきました。

これはやり方を変えないといけないと、3月の後半から新しい方法を模索しました。PCR検査センターを立ち上げたのが4月8日。このセンターは、医師会の検査ブースと世田谷保健所が委託した医師の検査ブースがあるという形ではじめました。しかし、せっかく検査施設があっても、保健所に電話回線が数本しかなく、電話がつながらず「検査してもらえない」という不満が渦巻いていました。私は強い危機感を持って対処しました。

もうひとつ、区内のコロナ診療にあたる病院・医療機関の病院長の方々に集まってもらい、医師会も交えて区内の情報連絡会を作りました。これは本来、医療を所管している都のやることなのですが、動きが鈍いため、独自に一歩踏み出しました。

PCR検査を増やす

中島　この時期、保健所の管轄の問題がネックになりましたよね。保健所は世田谷区に設置されているものの世田谷区長として迅速に動きたくても、保健所の指導系統は国から都、医師配置の人事権は東京都の方にあり、区長の権限が限定されていました。そこで様々な工夫が必要になった。どうすれば区長として、最大限の対応ができるのかがポイントになりました。

PCR検査センターは、医師会との協力で、保健所を通さずに保健診療で検査ができるルートを作りました。東京都管轄の保健所がパンクしているのだったら、別の回路を作ろうとしたわけですね。

コロナ危機の中であらわになったのは、住んでいる自治体の首長のあり方によって、住民の「いのち」が左右されるということでした。地方自治体の首長選挙がいかに重要か、思い知った方も多かったと思います。

保坂　そもそも世田谷区のような基礎自治体は、国や東京都の下部機関ではないはずなのですが、感染症対策などは法律のたてつけの上、国から都道府県に対しての指示を待つ関係になりがちです。ところが第1波の時期には、国や都からは、PCR検査センターを作れとか電話センターを増設しろといった細かい指示は何ひとつありませんでした。だから、保健所に集中した業務を分散するためには、独自に判断し、やるしかなかった。

重要だったのは、第1波が収束し、1回目の緊急事態宣言が解除になった5月末以降です。感染がいったん鎮まった「凪《なぎ》の時期」に何をするかが問われました。実は、自治体の中でもう一段落したと早々とPCR検査センターを閉めたところが少なからずあったんです。一方で、世田谷区は検査の能力を徹底的に増強する準備をしました。第1波の規模は欧米に比べて小さなものでしたが、そう簡単に収束するとは思えなかったからです。次の波が来る前にできる限りのことをしようと考えました。

その結果、7月になると、午前中にお子さんの具合が悪いので近所のクリニックで診察を受け、「PCR検査を受けましょう」ということになると、医師からセンターに連絡がいき、午後2時以降に検査。翌日には結果が出るというスタイルが確立されました。

世田谷区はかなりの数のPCR検査を積極的にやってきました（2021年6月10日まで、約5万2000件）。そのため感染の確認数も、ほぼずっと都内で一番です。世田谷区は人口が多いこともありますが、PCR検査を拡大したことで、陽性者数も大きな数字が出続けました。この数字だけを見て、「世田谷区は何をやってるんだ」とおっしゃる方がいたのですが、人口一人あたりで換算すると東京23区の中位の発生率となり、他の区よりも人口や検査数が多いことを理解してもらいたいと思いました。

新型コロナで大切なのは、早いうちに見つけ、治療して重症化させないということです。検査センターを立ち上げた医師会や病院長など医療関係者との話し合いの時に、病院の側から「CTスキャンの検査もやったほうがいい」という提案がありました。PCR検査に来た時に苦しそうにしている人や呼吸器に異常を抱えている人は、すぐにCTを撮って、肺にすりガラス状の影があれば、PCR検査の結果を待たずに緊急入院させた方がいいという指摘でした。これはすぐに取り組み、CT検査も機器を導入しました。現に何人もの方がCTをやり、検査結果を待たずに入院治療を受けています。とにかくコロナ診療にあたっている現場の医師たちの話を聞くことを大切にしました。

中島　ＰＣＲ検査を拡大すればするほど、他の自治体に比べ陽性者数が上がるというジレンマですよね。世田谷区が批判されればされるほど、他の区はＰＣＲ検査に消極的になりますよね。がんばってＰＣＲ検査をすればするほど、無症状患者を発見することになり、見かけ上の数字が大きくなる。もちろん、無症状者を多く発見する方が、感染拡大防止に貢献するわけですが、首長は「何をやってるんだ」と批判される。「だったら検査を拡大するのはやめておこう」という心性が働いたのだとすると、問題ですね。

保坂　当時、テレビではドライブスルー方式のＰＣＲ検査を始めたところなどの情報が出始めた時期で、世田谷区の場合は、ＰＣＲ検査センターの設置という情報を告知していくよりも前に、感染者の数字が前面に出てきがちでした。そのため「他の自治体は熱心にやっているのに、世田谷区は何もやらず一番感染者が多いじゃないか」と批判されることが続きました。そのため、５月に入ってから、区の広報紙で「ＰＣＲ検査センターの仕組みを作りました」と大きく知らせました。すると「何にもやっていない」という声は引いていきました。テレビでも世田谷区の取り組みを、検査に積極的に取り組む先進的なものとして紹介してもらえるようになり、区民に理解していただけました。

学びの機会を奪ってはならない

保坂 世田谷区では「区長へのメール」ということで、区民の皆さんから常時メールを受けつけています。私はこれをひとつのメルクマールとし、政策判断の参考にしているのですが、4月に区民の声でいちばん多かった意見は、学校についてでした。3月から一斉に休校に入り、卒業式や入学式も時間と規模を制約した変則的なものになりました。小学一年生あるいは中学一年生は4月に学校が始まる日が過ぎても、学校から電話が1本かかってくるわけでなく、今後どうなるのかが知らされず、放置されているようだとの意見が多くなり、「学校からなんの連絡もこない」という不安・不満の声が渦巻きました。「オンライン授業を私立はやっている」「世田谷区はどうなっているんだ」というような声も届きました。

私も「電話1本ぐらい、どうしてかけられないのか」と教育長に聞くと驚きの事実がわかりました。実は、区立の小中学校には電話回線が1校に2回線しかなかったのです。全校児童・生徒500人から1000人という保護者に、教員が一斉に手分けして電話をかけ続けることができないんです。携帯電話にシフトしている時代ですが、学校では私用携帯電話は使用禁止。これは平時のルールで、今は非常時だから携帯電話を使おうという校長もいましたが、だいたいの学校は普段通りやっていました。その様子を聞き、「連絡できていないのはまずい」ということで、教育長と話し合って、スマホをレンタルして学校に配布して、子どもの家庭に連絡をすることができるようにしました。

もう一つ、オンラインの障壁を取り除くことを指示しました。ユーチューブで配信しようにも、学校セキュリティー上、職員室から配信どころか、見ることすらできませんでした。スカイプをやろうとしても、やはりできない。オンライン会議ができないんです。セキュリティがブロックしてしまい、もう、できないものだらけでした。

そこで4月の終わりにユーチューブ配信授業を試験的に始め、5月にはインタラクティブ（双方向）なロイロノートというソフトを導入しました。先生が問題を出すとオンライン上で生徒たちが画面上で答えを出すということができます。急速にオンライン化の壁を突破できたのは大きな成果でした。教育委員会も危機感をもって頑張ってくれました。

さらに、緊急事態宣言の中、5月には、分散登校を考えました。世田谷区としては学年やクラスを分けて、登校人数を分散することで1回に来る子どもたちの人数を減らしながら、学校を再開しようとしました。教育委員会で練ったいい計画だったと思います。ところが、この計画案には「子どもを感染の危険にさらすな」「クラスターがでたらどうする」というような反対の声が4月の終わりごろから1日200、300と山のように来ました。それでも、分散登校を始めようと準備したのですが、直前になって世田谷区も東京都も感染者数が急激に上がったため、いったん順延し、教育委員会とも話し合って、休校を続けました。これは一種の撤退でした。その後、緊急事態宣言が終わって、6月の学校再開の時に分散登校にしましたが、ここも悩みどころでしたね。

中島　子どもたちの学習の機会を奪ってはならないということと、感染症対策に万全を期することを天秤にかけ、可能な限りの両立を考えたわけですが、なかなか難しかった。保坂さんは教育の問題を専門にされてきただけに、非常に悩まれたと思います。しかし、私が評価したいのは、分散登校を計画していたにもかかわらず、感染数が跳ね上がったときにプランBにしっかり転換できたことです。そこが政治家としてすばらしいと思います。

新自由主義が破壊したもの

中島　PCR検査が一向に進まないことの背景にあるのは、この間に保健所をずっと減らしてきた新自由主義の問題があるのは明白です。この傾向は小泉内閣からではなく、橋本行革からの傾向です。保坂さんは橋本内閣では、与党の国会議員として活躍されましたが、この点をいかがお考えでしょうか。

保坂　たしかに、保健所が感染症の危機の時に機能するには体制は脆弱になっていました。世田谷はかつて四つあった保健所が、世田谷保健所の1カ所に統合されました。しかし、地域行政制度によって、区の各総合支所の中に子どもの検診などを担当する健康づくり部門があり、保健所機能は存続してきた部分もあり保健師さんたちがかなり配置されています。ですから、完全に1カ所に集約したのではなく、子ども支援的なニーズは支所に置き、感染症対策などは保健所がするという役割分担が進められてきました。90年代の保健所統合の全国的な動きの中で起こることなんですが、「単なる縮小ではダメだ」という議論があり、総合支所に機能を残してありました。おかげで今回のパンデミックで保健所が疲弊《ひへい》してしまったときに、総合支所の保健師さんたちが自分たちの業務をいったん置いて、全員集まって応援してくれました。保健所の体制も拡充し、数えてみたらコロナ危機突入時に保健所の総員は150人でしたが、約1年後には派遣や委託も含めて333人と倍の数にまで膨れ上がっています。

それでも2020年暮れからの第3波では、それまで1日でできた検査が、2日や3日かかるような事態になりました。保健所のスタッフは夜中まで帰れない日々が続きました。新しい感染症は、これから先も姿かたちを変えて、いくつもやってくる。地球温暖化の影響もある。ジカ熱といったような熱帯に多かった病気が北上し、日本にもやってくる可能性が示唆されています。保健所の機能の強化はこれからも、必須だと思います。

ただ、嵐の中では叫ばれることも、嵐が去るとケロリと忘れて何もしないといったことが、これまで続いてきました。新型インフルエンザの後は、まさにそうでした。今回の第4波で大阪市が苦闘していますが、あの広い大阪市で、保健所は1カ所しかないのです。「改革」の名のもとに2000年度に1カ所に統合してしまう経済効率を優先した新自由主義が、どのような悲劇をもたらすのか、私たちは経験することになりました。これを忘れてはいけません。コロナ危機が去ってからが、次の勝負です。新自由主義的な発想を、根本的に転換しなければなりません。

注目された「世田谷モデル」

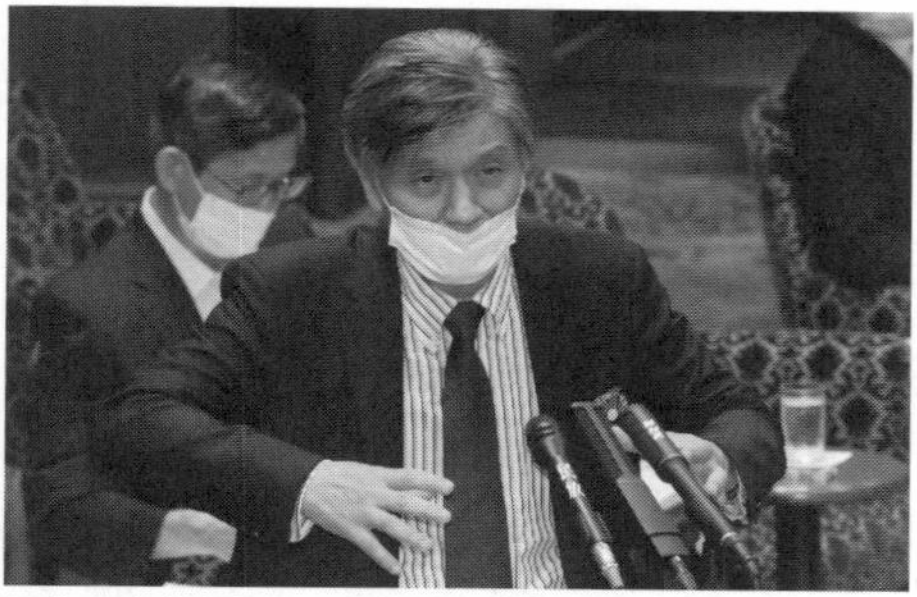
国会で参考人として発言する児玉龍彦東大名誉教授
（2020年７月）朝日新聞

中島　保坂さんはコロナ・パンデミックにおいて、第1波の最中にも、次を見越し先手を打ってこられました。その一つに「世田谷モデル」と言われる社会的検査があります。これは東京大学先端科学技術研究センター（先端研）の児玉龍彦さん（東京大学名誉教授）との出会いが大きいですね。高齢者の居住する介護施設でのクラスター化を防ぐためには、施設まるごとで職員・高齢者を検査し、いち早く無症状の感染者を見つけることが重要です。一方で、感染者が出た場合は、濃厚接触者だけでなく、施設にかかわるすべての人を検査する。感染者がでていなくても、周期を決めて検査をする。そのことで、いち早く感染者を見つけ、クラスターが起きないようにする必要があります。やはり高齢者が重篤化することが多く、その人たちが一定程度、長期入院することから、医療崩壊が起きることになる。このループを断ち切るべきだと考え、社会的検査の重要性を訴え、実現していきました。

社会的検査を大規模にやるためには、プール方式といって、多くの検体をまとめて検査する方法が必要になってきます。しかし、これがなかなか承認されませんでした。保坂さんは粘り強く説明を繰り返し、最終的にプール方式を国に認めさせました。この一連の検査体制が、「世田谷モデル」として評価されていますが、これをどう振り返りますか。

保坂　2020年4月に、国や都が具体的な方針を示さない中で、区独自の対策を取り始めましたが、最初に世田谷区に連絡を取ってきたのは厚労省でした。副大臣、政務官をはじめとした厚労省幹部が区の話が聞きたいということで、4月末に他の区長とも一緒に2時間半議論する場がありました。これは有益でしたが。同じ日に、児玉先生から電話があり「緊急に会いたい」とのことでした。そこで急遽、先端研を訪ねました。

先端研は目黒区にありますが、最寄りの駅は世田谷区の東北沢です。到着すると、児玉先生の案内でガラス越しにラボを見せてもらいましたが、「ここにはPCR検査の能力はあるが、活用できていない」と嘆かれていました。当時、大学は閉鎖し、研究は停止するようにという方針を文科省が打ち出しているが、「本来は研究の枠を超えてPCR検査も大学の機能をもっと使うべきなのに」と、大変憤っておられました。

児玉先生は世田谷区在住で、ご家族の安全も含めて地域でどれだけ感染拡大するのか、とても心配されていました。児玉先生のアドバイスで貴重だったのは、感染で重症化し命を落としていくのは、その多くが高齢者施設と病院の院内感染であり、「これが恐い」と。第1波で大規模なクラスターで犠牲者を出した台東区の永寿総合病院では感染者214人となりましたが、そのうち43人が亡くなられています。他の病院や高齢者施設などでも、第1波の時からクラスターが発生していました。

海外のニュースで、「トリアージ（選別）」が話題になっていました。医療崩壊が起きると、高齢者への治療が後回しにされ、命を落としていく。医療にアクセスできないどころか医師も来てくれず、施設や自宅のベッドで次々と生命を落としていく。高齢者施設で働いている人の半数は、恐くて来なくなったといったような状況が報道されていました。2020年春のヨーロッパで医療が届かない状況で死者の半数以上が高齢者施設からという国がいくつもありました。

これは何とかしなければならないと思いました。世田谷区にウイルスが入ってこないように、壁を作ることはできない。東京のような大都市で、出入りを管理するチェックポイントを作ることもできない。だとすれば、最も効果的で現実的な方法は何か。それは高齢者施設と病院でクラスターを起こさせないこと。ここを拠点にして、かなりの程度、防御できるのではと考えました。

医療関係者との懇談を進めてゆくと、病院では簡易PCRキットを自腹で調達し、入院患者全員にPCR検査をかけるという防御策をされていました。ところが高齢者施設では、PCR検査はどこも行われていない状態でした。児玉先生と相談して、当初は、抗体検査を区内の高齢者施設にかけて、感染の拡がりを調べ、有効な対策をとろうと考えていました。5月~6月と準備し、7月に区内の高齢者施設に抗体検査を大きく実施しようとした矢先に、次の第2波がやってきて、「これはもう抗体検査ではなく、PCR検査を高齢者施設全体にローラーをかけるように実施しよう」と方針を変えました。こうしてスタートすることになったのが、大きな反響を呼ぶことになった児玉先生の言う「世田谷モデル」であり、社会的検査です。定期的に介護施設等を巡回する検査に加えて、介護施設で感染者が出たら、周囲にいる濃厚接触者だけでなく、施設にかかわる職員や利用者など関係者全員にＰＣＲ検査をかける。そうして無症状の感染者を探し出し、クラスターを未然に防ぐ。そんなプロジェクトを世田谷区として実行することになりました。

従来の医師会とやっているＰＣＲ検査の能力も倍増させ、高齢者施設への社会的検査も合わせて、ＰＣＲ検査を10倍にしよう。「一桁上げる」と決意表明しました。そのためには費用がかかるので、スピードアップとコストカットのために、ＦＤＡ（アメリカ食品医薬品局）でも認められていたプール方式を採用しようと提言しました。

記者会見で社会的検査を説明する保坂世田谷区長
（2020年10月）朝日新聞

世田谷区の取り組みが国を動かした！

中島　なかなか世田谷区の予算では追いつかないところもありますよね。この世田谷モデルは大変話題になりましたし、区民の期待も高かったと思います。一方で、なかなか国は動きませんでしたが、保坂さんの動きにけん引される形で、社会的検査も求められていきますよね。費用もしっかりと国から出るようになった。世田谷区が国を動かしたわけですが、どのようなプロセスだったのでしょうか。

保坂　第2波の感染拡大局面にありながら、国の旅行推進策である「Ｇｏ Ｔｏトラベル」の開始の時期が重なりました。春先からの安倍首相の発案と言われるアベノマスクの配布とか星野源さんの楽曲に合わせて安倍さんが犬を抱いてくつろいでいる姿の動画配信などに対して批判が高まっていた時期です。「世田谷モデル」と呼ばれたＰＣＲ検査の拡大を軸として、国がやらない、都が動かないなら、世田谷区がやるのだと宣言したのは、存外インパクトがあり、テレビや新聞、雑誌で取り上げられました。

好意的な捉え方が多かったのですが、中にはニューヨーク市のＰＣＲ検査を例にとった「いつでも、だれでも、何度でも」というフレーズを取り出して、「世田谷区民92万人全員を検査するには3年かかる」「そんなことをするのは予算のムダ使いだ」と、タメにするような批判が出てきました。社会的検査の批判の背景には、当初から感染症の専門家の中に、ＰＣＲ検査への抑制論、とりわけ無症状の陽性者をとり出しても意味がないとの反対論がありました。

反響が大きかったのは、松原耕二さんがキャスターを務めるBS－TBSの「報道1930」への出演でした。区役所からリモートで世田谷モデルの話をさせて頂いたのですが、この時、もう一人のゲストとして出演したのが、自民党のコロナ対策の本部長だった田村憲久さんです。現在の厚労大臣ですね。「世田谷区でPCR検査の拡充と社会的検査、プール方式をやる」ということに対して、「こういう首長さんが出てきてくれるとわれわれも応援しやすい。応援したい」という趣旨のエールを送ってくれました。もともと国会議員時代から知っている仲だったので、番組後に連絡を取り、さっそく会って「厚労省も含めて、この世田谷モデルをぜひやらせてほしい。ついては世田谷区だけがやるのでは意味がなく、全国でやれるような制度を作ってほしい」と訴えました。

行政検査というのは、症状があるとか、感染の疑いのある人を検査するものですが、社会的検査は、症状がなくても、高齢者施設全体にローラーをかけるような検査です。これには2020年7月の段階では、国からの経費は支給されず、自治体が単独で費用を負担してやらざるをえませんでした。ここを国の制度として、認めてほしいと訴えました。

8月の半ばごろから厚労省は社会的検査を認める方向に動き、決定的だったのが、安倍首相が8月28日に首相を辞めることを表明する記者会見で、「感染拡大している地域の医療機関や高齢者施設では、そこで働く人や入院患者・入居者に定期的な検査をしていく」という国の方針を示したことでした。辞めていく首相ですが、逆に言えば次の政権にそれを託したということにもなります。マスコミでは安倍首相辞任のニュースが大きく取り上げられ、社会的検査を導入する発言内容は注目されなかったのですが、これが打ち出されたことは大きかった。国が動いた瞬間でした。

9月になって、首相会見を受けて、世田谷区も厚労省に何度か問い合わせました。高齢者施設や医療機関の検査費用について厚労省と交渉すると、これが認められるということになりました。費用の2分の1は感染症法上の行政検査として、あとは全国に配っていた地方創生臨時交付金から出すというのです。つまり全額国費で賄えるパーフェクト回答でした。菅内閣発足の直前の9月15日のことでした。「ない」といわれた財源が確保できたわけです。都からも何か一緒にできないかという話があり、いろいろ相談して自治体独自の検査を支援する予算を取ってもらえた。財源のメドもなくいきなりぶち上げて、なにもできないじゃないかという批判もありましたが、走りながらその必要性を熱意をもって訴えると、結果がついてきました。ただ、この段階では、まだプール方式は認められませんでしたが、これものちに認められることになります。

野党は専門家会議を組織するべきだった

中島　一方、野党の動きです。保坂さんの施策と働きによって、自公政権や厚労省が動き、世田谷区の試みが国レベルに引き上げられていきましたが、その間、野党の動きが国民には見えづらい印象でした。政府は科学的知見に基づかない施策を繰り返し、国民との信頼関係を喪失していきましたが、これに対して野党は、なかなかオルタナティブなヴィジョンを実現可能性と共に見せることができませんでした。多少、提示をしたとしても、与党報道になり野党は埋没しがちです。もし保坂さんが野党の責任ある立場だったら、どのようなことをされますか。

保坂　人類がこれまで経験したことのないようなパンデミックで、本来は与野党が力を合わせる局面ですが、日本に限らず世界中で起きていることですが、残念ながら政治はこの状況をも利用しようとしますね。これは性《さが》のようなものです。

世田谷区は財源を確保して２０２０年10月から社会的検査を始め、同年11月から21年３

社会的検査での陽性者（78件）のウイルス量の分布

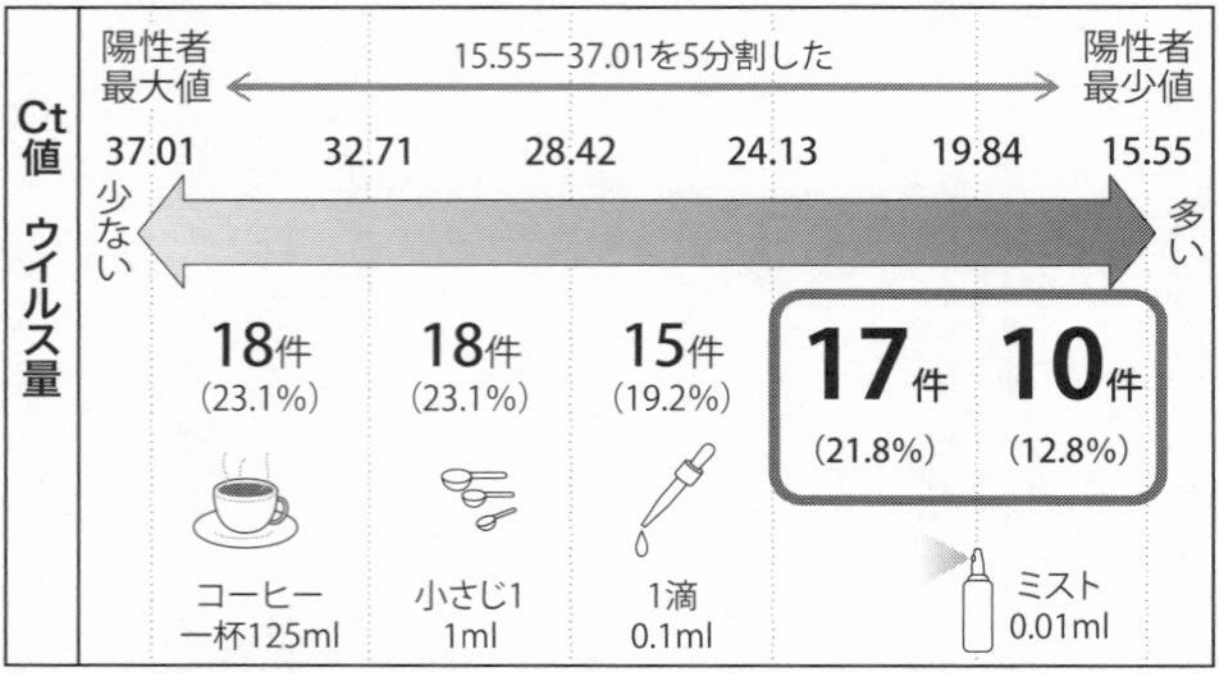

挿入した絵は、そのCt値の体液が、他人に感染させ得るウイルス量を含むと計算される推定量のイメージ
（西原広史慶応大学教授監修、世田谷区2021年3月公表）

月の間に１万２０００人の検査をして78人の主に無症状の陽性者を見つけました。陽性者は高齢者施設に働く人か入居者ですが、このうち約３割以上はCt値25以下といって強い感染力のある人たちでした。そして、驚いたことにその８割が高齢者でした。これは大きな発見でした。新型コロナウイルス感染症の一つの特長は、無症状の高齢者がスプレッダーになりやすいということだったのです（図）。だから、高齢者施設をちゃんと検査し、陽性者を施設から別の場所に移して、感染経路を遮断する。これが重要な対策だということが証明されたわけです。（21年6月11日現在、２万１６８５人の検査を行い、１２２人の陽性者を発見）

20年4月下旬に立憲民主党幹事長の福山哲郎さんに連絡をとって、提案したことがあります。こういうパンデミックの危機にあって与党はその日、その日の出来事に対応する「即時即応」になる。「福山さんもかつて官邸にいらしたからわかると思うけれど、日々起こることに対応するのが政権です。こういうときの野党の役割は、2週間先、1カ月先、3カ月先くらいの長いスパンで、世界中の英知を集める。感染症の専門家だけでなく、さまざまな分野のエキスパートたちから意見を聞く。特に日本の感染症対策はおかしいのではないかと批判的な人たちからも専門家の叡智《えいち》を集める。たとえばノーベル賞受賞者の山中伸弥さんなどは、PCR検査に日本はあまりにも後ろ向きだとおっしゃっていましたよね。そのような人たちを集め、長期的な戦略が立てられるコンソーシアムや専門家会議のオルタナティブを野党が運営したらどうですか」と提案しました。定期的なプレス発表をし、新型コロナウイルス対策の専門家会議や分科会、政府の方針に対して、気を付けておくべき点を指摘し、分析・評価をする。コロナ対策を検証し、提案する機関を設けることが野党の役割ではないか。いい提案があれば、与党が実現すればいい。野党の得点にならないように見えても、それは必ず「野党への信頼」という財産になっていきます。与野党は重点をおくところが違うことで、有機的な連関が生まれるのではないか。そう提案したのですが、残念ながらいまだ出来ていませんよね。

首長の経験を国政に

中島　野党側の専門家会議を組織するべきだったと、私も思います。感染症の専門家に限らず、たとえばグリーンインフラの問題などを含めてオルタナティブを提示し、与党が次々に採用するような働きを見せてほしかった。

若い人たちと話していて、よく出てくるのは、国会中継の野党のヤジが嫌だという話です。自分たちは子どもの頃から、人の話は静かにちゃんと聞きなさいと言われてきた。相手とはしっかりと話し合い、相手を傷つけないようコミュニケーションをとるように言われてきた。なのに野党の議員は、激しい口調でヤジを飛ばしている。見ていてとても不愉快だというのです。

私は権力を持つものに対してヤジを飛ばす自由は、ちゃんと認められるべきだと思いますし、それが効果的な抵抗になることもあると思います。一方で、若い人たちのマインドもしっかり理解しておくべきだと思います。たとえば、お笑いの世界でもサンドウィッチマンやぺこぱのような「誰も傷つけない笑い」というのが支持されています。一方で、とんねるずの石橋貴明さんのように、後輩芸人などを激しくイジる芸に、若い人はついていきません。保坂さんは「世田谷YES」という方針を立て、「NOの政治」から脱却することを目指してきました。野党に必要とされる姿勢は、与党に対する批判的見地を持ちながら、「こうしてはどうか」というオルタナティブを提示し、実現していくことです。

私は、政権交代の具体的な姿を追求するとき、必然的に保坂さんをはじめとする首長に注目が集まると思います。もし政権交代が起きるとすると、2009年の民主党政権のような形ではなく、1993年の細川内閣の成立のような形が想定できるように思います。あの時、重要な役割を果たした細川護熙《もりひろ》さんや武村正義さんは、知事経験者ですよね。細川さんは熊本県知事、武村さんは滋賀県知事を務めた人でした。非自民政権に期待が集まり、政権交代が実現したのは、細川さんや武村さんが行政のトップとして経験を積んできたことへの安心感があったからだと思います。「刷新への期待」と「安定への信頼」の両方に応えないと、なかなか政権交代までは至らない。そう考えると、保坂さんが果たす役割は、世田谷区政を超えて、大きなものがあるように思います。

保坂　社会党の五十嵐広三さんも元旭川市長で、細川内閣の次の次の村山内閣で官房長官をやられましたよね。

2009年の総選挙の時は、私も野党の統一候補として立候補したので、よくわかるのですが、「政権交代」の4文字を掲げて、「一度やらせてくれ」と訴えました。それを聞いた有権者が「よし、わかった。一度やらせてみよう」となったわけです。いま「もう一度政権交代」という旗を掲げても、「それは勘弁してよ」という気持ちが漂っています。「民主党政権は悪夢だった」とさんざん言い続けた安倍さんは退場したわけですが、かといって立憲民主党が評価され始めたわけでもない。それが支持率の低さに反映していると思います。

いま必要なのは政権交代ではなくて政権運営の質の転換だと思います。首相や大臣が仮に野党の人たちになっても、同じことが続くのではないか。いや単に劣化してしまうのではないか。そんなことを10年前の政権交代で人々は学習したのではないでしょうか。だから、時々不祥事とか説明のつかないルール違反も問題にされることもあるけれども、政権運営に慣れていて経験知のある自民党にやらせておけば、「まあ悪くはないのではないか」という消去法の選択が続いているように思います。

では、「政権運営の質の転換とは何か」ということです。政治家のリーダーシップという言葉もかなり色褪せましたよね。２０２０年9月から政権を担当する菅義偉さんは、ふるさと納税とか携帯電話料金の値下げに邁進したけれど、これらは社会構造の中で例外的に「お得な話」をつくるだけで、非正規雇用との格差解消や、福祉を軸としたコミュニティの再構築など新たな社会構造を生み出すわけではありませんよね。

グローバル化した世界の中で、過去のような成長は望めない。日本は、トップを走っているつもりだったのが、集団の中でいえば真ん中より後方にいるのは客観的事実です。今回のコロナ対策でも、60代になった私たちの世代のもっていた「経済大国的自尊心」はズタズタになりました。にもかかわらず、あいかわらず70年代から80年代の、高度成長時代

細川護熙氏

武村正義氏

五十嵐広三（1926～2013）
３点朝日新聞

に作られた過去の遺物の社会構造のままで、「きっといつか良くなる」という蜃気楼《しんきろう》を追い求めながら苦闘して沈んでいる。このマインドを組み替えなければいけません。つまらない自尊心とか前例踏襲とかをとっぱらって、叡智を集めて政策を打つことが必要だと思います。

これは近隣諸国との関係に直結します。中国は社会体制の違いがありますが、台湾や韓国は、明らかに初動で日本よりもコロナ対策がうまくいきました。日本は、多く学ぶことがあるはずです。しかし、日本はアジアの指導的立場だという過去の自負と思い込みから、隣国の成功部分を取り入れることができず、状況を悪化させました。謙虚に学ぶ姿勢を持てないでいるわけです。どうして「命の問題」というところで協力できないのか。ウイルスは簡単に国境を越えてきます。日本の世界観が変わらないといけないですね。しかし、この部分の変化が生まれれば、近隣諸国との新しい協調関係が築けるはずです。

もう一つの魅力ある選択肢をつくる

中島　重要なのは「安心」と「信頼」の問題だと思います。「安心」と「信頼」は異なる概念です。

「安心」は、相手が想定外の行動をしないようコントロールできている状態です。相手が自分に対して害になるような行為はしないよう制御できている状態ですね。だから「安心安全」を政府が追求すると、あちこちに監視カメラをつけたり、デジタル管理をしたりして、国民の行動を把握しようとします。

一方、「信頼」は、相手が想定外の行動をとるかもしれないことを前提に、それでもひどいことはしないだろうと、ゆだねる姿勢を意味します。監視したり管理したりしなくても、「まあ大丈夫だろう」と身を任せる姿勢になります。

中国がコロナをある程度制御できたのは、「安心」という機能を使ったからです。つまり、国民監視を強化し、権力的に行動を抑制して、感染を防ぎました。一方、台湾やニュージーランドは、国民と政府の「信頼」関係を民主的に作り上げ、コロナのコントロールに成功しました。民主主義の成熟度と信頼社会、コロナ対策はリンクしていました。

保坂さんは世田谷区で、政治と国民の信頼関係を取り戻そうとしてこられたのだと思います。熟議デモクラシーを重視し、車座集会や無作為抽出の意見交換会など、さまざまなルートを使い、住民の思いを汲み取ってきた。住民の側も、選挙以外でも区政に対して声を届けるルートを手にしてきた。その相互作用によって、信頼モデルが区内に構築されていったのだと思います。

保坂　これからの日本の社会を作っていくのに必要なのは、コミュニティーソーシャルワーカー（CSW）だと思っています。人と人をつなぐ力や、人の話を聞く力が求められます。しかし、いまの首相官邸は、人の話を聞かないところになっていますよね。国民の声を聞かず、一握りの利害関係のあるインサイダーの話は聞く。こうして国民は民主主義から疎外されていき、主権者であることの実感を失っていきます。国全体の運営にしても、首相が1億数千万国民の声を聴くことはできませんが、かわってやれるのは、聞く耳を立てて、想像をふくらますことです。民主党政権の時にやりかけて頓挫した討論型世論調査だとか、世田谷区の無作為抽出型のワークショップだとか、方法はいろいろとあります。ボスがいて、取り巻きがいて、一般の人は何も言えないような権威主義的なあり方は、いい加減やめにした方がいい。

いのちの政治

中島　保坂さんの政治は、「いのち」を大切にする政治だと思います。イタリアの哲学者ジョルジョ・アガンベンは「ゾーエ」と「ビオス」という概念を区別します。「ゾーエ」というのは「生物としての生」で、生きているだけの存在です。それに対して「ビオス」は「社会的な生」で、生きることの意味や尊厳が与えられた存在です。アガンベンはコロナ禍において権力が例外状態を作り出し、「ビオス」を奪うあり方を厳しく批判しました。人間はいかなる状況においても、「ゾーエ」だけでなく「ビオス」を阻害されてはいけないと説きました。

ゾーエは「命」であるとすると、ビオスは「いのち」です。保坂さんは「命」を大切にしながら、「いのち」の尊厳を重視してきた。だから、コロナ禍でも何とか子どもたちに学びの機会を作ろうとし、高齢者や認知症患者が充実したサービスを受けられるように全力を尽くした。PCR検査を拡大し、社会的検査を実行した背景には、「命」を守りながら、「いのち」を守ろうとする姿勢がうかがえました。私が保坂さんに強い敬意を持っているのは、この点です。だから保坂さんの話は、単なる政策の話に終わらない。その奥に、世界観があり、「いのち」の哲学があるのです。このような政治家は、いまの日本では稀有な存在です。

私が感銘を受けたのは、「はじめに」でも述べましたが、2019年10月の台風19号による多摩川の増水の時でした。私も東京23区内に住んでいますが、あの時は窓ガラスが音を立てて軋《きし》み、木々や電線が驚くほど揺れていました。激しい風の音が鳴りやまず、外では看板が倒れる音がしました。さすがに恐ろしくなり、何かあるとまずいと思って、寝ずに起きていました。深夜、何気なくパソコンを開き、ツイッターの書き込みを見ていると、保坂さんが淡々と、災害対策本部に入って来た情報を流していました。この時、私は「この人は本物だ」と思いました。

多くの世田谷区民は、眠れない夜を過ごしていたでしょう。特に多摩川沿いの地域の人たちは、命の危険を感じながら、不安な夜を過ごしたと思います。そんな時、保坂さんが静かにツイッターで情報を流しているのを見て、「区長はいま同じ風の音を聞き、懸命に対応にあたっているんだ」と知って、安堵した人が多くいたと思います。実際、ツイッター上でも、保坂さんの姿に感銘を受けた人が、感謝のツイートをしていました。

感情的にならず、大げさな表現も使わず、ただ静かに区長に入って来た正確な情報を流す。なかなかできることではありません。

保坂　だれしも危険が急迫したときには総毛立つというような、身体に警戒信号が駆け巡る感覚があると思いますが、多摩川の増水の際はそういう状況でした。住民の不安を想像したというよりも、私自身の身体感覚で直感したのでしょう。この状況で情報回路が途絶えるというのがいちばん恐い。時に区のホームページにアクセスが殺到し、一時的にハザードマップが見られなくなったというのが致命的でした。

保坂展人 @hosakanobuto · 2019年10月12日
世田谷区洪水ハザードマップ(多摩川版)　避難所の印は現在開設されているものとは違います。砧南中、駒沢大学玉川キャンパス、瀬田地区会館、上野毛地区会館、
とっさに世田谷区のハザードマップをアップした保坂区長のツイッター

台風が上陸しようとする、一番ハザードマップを確認したい時にホームページが落ちてしまった。何とか出来ないかと、とっさに自分のスマホでハザードマップを撮って、この写真をツイッターに添付してアップしました。写真は指先で拡大できるので相当細かく見られたのですね。私のツイッターで流してから、世田谷区広報のツイッターでもやってもらいましたが、できるかぎり客観的にいまこうなっているという情報を提供しました。誰に頼まれているわけでもなく、自動的に行動しました。

「命」は有限で、誰もが最期を迎えるわけですが、「いのち」は消えません。私自身が決断し行動するとき、そのそばには、すでに亡くなった人たちが寄り添ってくれていると感じています。私の脳裏には、死者たちが考えてきたこと、語りかけてきたこと、話し合った長い時間が残って、積み上がっている。ことばとして、あるいは書物であっても、死者が残してくれたものが私の中を駆

野中広務（1925〜2018）
朝日新聞

け巡っています。私は「いのち」といつも触れ合っている感覚があります。

私は国会議員時代、社民党の議員でしたが、野中広務《ひろむ》さんや梶山静六さんに敬意を持っていました。彼らは、沖縄に本気で心を寄せていました。本土上陸の時間稼ぎとも言われた悲惨な地上戦で、多くの民間人も生命を落としていきました。沖縄の近代が、どのような苦しみを経てきたのかを、同時代を生きた者として、頭だけでなく、全身で理解していた。沖縄の「いのち」を大切にしていたんです。

いま辺野古の基地が大きな問題になっていますが、埋め立てに使われる土砂は沖縄南部から運ばれようとしています。つまり、その土には、沖縄戦の戦没者の骨が眠っています。

戦没者の骨が混じった土砂で、沖縄の海が埋められていく。そして、アメリカの軍事基地がつくられる。このようなことを、野中さんだったら許さなかったと思います。

梶山さんを師と仰ぐという菅さんには、こうした「痛み」の感覚が引き継がれているとは感じません。いまは、政治の世界から「いのち」が消えかかっていて、「いのち」の尊厳を守る政治家が、少なくなっているのではないでしょうか。

私は、「いのち」の側から政治を見つめ、長い間、その渦中に身を置いてきました。コロナ禍でより厳しくなっている格差と競争の中で、コミュニティを再構築して人と人が信頼を回復できる社会をつくるリアルな行動を起こしていきたいですね。

おわりに

保坂展人

この本は、私の世田谷区長として10年間刻んできた軌跡をたどりながら、中島岳志さんと議論を重ねて出来上がった。コロナ禍が始まってから1年が経過した2021年の3月から4月にかけて、集中的に収録を行なった。こうして、7月には出版にこぎつけられたのも、中島さんの熱意につき動かされ、助けられてのことだ。中島さんからは、この10年間、世田谷区で実現してきた政策や、先導的な制度について、私自身よりはるかに緻密に分析して再提示してもらった。政治家としての私に対して、過分な評価を頂いたことにも素直に感謝を申し上げたい。

同時に、中島さんとの対話が進むにつれて私自身の「政治の原点」に立ち戻る機会を与えてもらった。この10年、私が取材を受けるのは、ほとんどが時々の政策テーマであり、社会問題についてだった。なかなか、政治家としてどのような価値軸から発想し、物事を判断して行動しているのかをトータルに語る機会はなかった。

私は、少年時代から多くの友人たちとは異なる道を歩んだ。今や憲法判例のひとつとなった「麹町中学校・内申書裁判」も私にとっては欠かすことの出来ない自己形成の場であり、世間の常識や多数になびかず、自力独学で道なき道を選んで歩んだのも、「歴史をひらき、時代をつくる」ことが自らに与えられた使命であると、かたく思い込んでいたからだった。

私の歩みは、計画的で用意周到なものとは正反対であった。シナリオなき舞台に躍り出て、内なる直感を頼りに手さぐりで進むような時期に、多くの偶発的な出会いやチャンスに恵まれた。学校で起きている子どもたちの声に耳を傾けることで、ジャーナリストとして社会的発言や提案をすることが20代前半で出来るようになった。

中島さんの指摘の中に「死者と共に生きる」という角度で議論している部分があるが、たしかに私は歩いている時や、ふとした瞬間や寝ている時にも、「死者のまなざし」と向き合っている。2010年から11年の年末年始にかけて、区長になる直前には、長崎県生《いき》月島《つきしま》に滞在して「かくれキリシタン」の人々に継承された儀式への参加を許され、まとまったルポルタージュを『週刊朝日』に2号連続で書いている。禁教時代を生き延びた信仰の一端に触れて、我を忘れて書いた。ちなみに全面的に取材をバックアップしていただいたのは、谷川健一さん（2013年没）だ。いかに、区長への転身が突然だったのかを物語るエピソードだ。

本書で語られている世田谷区で実現した政策は、必ずしも区長就任後に出来上がったものだけではない。早いものでは20代半ばから構想を温め、市民運動の中で模索しながらシステム設計をはかり、ジャーナリズムの現場を歩きながら見聞を深め、そして国会議員としての経験から積み上げた「政策の集積」が土台となっている。そして、当初はとまどいながらも「5％改革」のプロセスを共有し、区事業の改善に取り組んだ職員の力が大きい。議会、そして区民からも多くの提言や指摘をいただき、漸進的改革を進めることができた。

国会議員当時の私は、政党に所属してはいたが、あまりに小党であったことが幸いして、ほぼ一人で社会問題化したテーマを調査・解析した上で解決策を提言し、さらに普遍的な政策として立案し、時に議員立法を進めてきた。大政党なら、1年生議員がベテラン政治家と同席して議論するなどありえないが、私は自社さ政権の与党議員としていくつもの重要法案を担当するプロジェクトのメンバーとなり、たとえば国家公務員倫理法の原案を作成した。国会質問546回と多くの機会があり、農林水産業を除く全分野にわたり担当し、広く浅く守備してきたことは、10年間の区政運営に役立ったと思っている。

さて、政党内で集団をつくり、議会内多数を獲得するために与野党で争奪戦を繰り返す永田町と違い、首長は行政組織を統括する事業責任者であり、問われた政策課題の白黒を即座に判断する立場である。従って、同じ政治家の仕事でも立ち位置が違い、世田谷区で結実した成果があるから、「永田町政治の改革」が出来るというものではない。

10年前、私の前には、「世田谷区」に眠る未発掘の社会的資源があった。多くは、28年という長期にわたって区長をつとめた故大場啓二区長が残したレガシーだった。すでにあるものを生かし、今なきものをつくるという技を発揮することが出来たのも、自発的な参加と協働をいとわない世田谷区の住民の力でもあり、見落とせない要素である。

また、11年春は東日本大震災の直後であり、東京電力・福島第一原発事故の連続メルトダウンが次第に明らかになった時期でもあった。「生存の条件」を脅かす自然災害と原発事故に、私たちは立ち止まることになった。それから9年が経過して、1年有余にわたって、コロナ禍という生命をおびやかす世界的パンデミックの嵐のただなかにいる。

「政権交代」より「政権運営の質の転換」が必要だと感じている。これまでの経験則が通用せずに、平時の官僚機構の縦割りが緊急事態に機能しないことは、すでに誰の目にも明らかである。ここに、チャンスと危機が同居している。

今日、統治機構を権威主義化させ、異議を封じる言論統制を強めようという動きが活発になろうとしている。私は、「強いリーダーシップ」という言葉に空疎な危うさを感じる。まず、統治機構に求められるのは一方的な決断ではなく、「事態を正確に読み解く力」「現場からの声を傾聴する力」「自らと異なる主張や分析が正しければ受け入れる力」であり、その上での決断なのだ。私たちは絶望や無力感にとらわれがちだが、誰もが変革への熱意を捨てあきらめた時は、さらに政治や社会の劣化はとめどなく進み奈落へと向かう。

社会は変えることが出来る。私たちは、けっして無力ではない。ひとりひとりが、プレイヤーとなって力をあわせる。日本社会は危機に瀕しているが、再生力が根絶やしになってはいない。評価し、尊重すべき社会的資源を大切に扱い、すでに廻らなくなったシステムは入れ換えて、人と心を修復可能な政治スタイルを共通の財産として獲得していく。

そんな船を漕ぎだす時が来ている。

２０２１年６月

中島岳志　なかじま・たけし

1975年大阪生まれ。東京工業大学リベラルアーツ研究教育院教授。大阪外国語大学卒業。京都大学大学院博士課程修了。北海道大学大学院准教授を経て現職。2005年、『中村屋のボース』で大佛次郎論壇賞、アジア・太平洋賞大賞受賞。著書に『パール判事』『朝日平吾の鬱屈』『保守のヒント』『秋葉原事件』『「リベラル保守」宣言』『血盟団事件』『岩波茂雄』『アジア主義』『下中彌三郎』『保守と立憲』『親鸞と日本主義』『保守と大東亜戦争』など。

保坂展人　ほさか・のぶと

1955年仙台市生まれ。東京都世田谷区長。都立新宿高校定時制中退。中学校卒業時の「内申書」をめぐり内申書裁判の原告となり、そこから教育問題を中心に取材するジャーナリストになる。1996年、衆議院議員初当選。2009年まで3期11年務める。社民党副幹事長、総務省顧問を歴任。11年、無所属で世田谷区長選挙で初当選。19年、3選される。著書に『〈暮らしやすさ〉の都市戦略――ポートランドと世田谷をつなぐ』『脱原発区長はなぜ得票率67％で再選されたのか？』『88万人のコミュニティデザイン』『No!で政治は変えられない』など。

朝日新書
826

こんな政権《せいけん》なら
乗《の》れる

2021年7月30日第1刷発行

著　者　中島岳志　保坂展人
発行者　三宮博信
カバーデザイン　アンスガー・フォルマー　田嶋佳子
印刷所　凸版印刷株式会社
発行所　朝日新聞出版
〒104-8011　東京都中央区築地5-3-2
電話　03-5541-8832（編集）
　　　03-5540-7793（販売）

Published in Japan by Asahi Shimbun Publications Inc.
ISBN 978-4-02-295134-2
定価はカバーに表示してあります。

落丁・乱丁の場合は弊社業務部(電話03-5540-7800)へご連絡ください。
送料弊社負担にてお取り替えいたします。

朝日新書

世界自然遺産やんばる
希少生物の宝庫・沖縄島北部

湊　和雄
宮竹貴久

沖縄島北部にあたるやんばるは、世界的にも珍しい湿潤な亜熱帯雨林だ。２０２１年世界自然遺産に登録された。やんばる写真の第一人者である写真家と、生物の進化理論を一般に説く手腕で名高い生物学者がタッグを組み、ユニークな生物を紹介。

対訳　武士道

新渡戸稲造／著
山本史郎／訳

新渡戸稲造の名著『武士道』。切腹とは何か？　武士道の本質とは？　日本人の精神性を描いた世界的ベストセラー。「惻隠の情」「謙譲の心」は英語でどう表すか？　『翻訳の授業』の著者・山本史郎東大名誉教授の美しい新訳と、格調高い英語原文をお手元に。

自壊する官邸
「一強」の落とし穴

朝日新聞取材班

7年8カ月に及ぶ安倍政権から菅政権に継承された。長期政権の鍵は人事権をフル活用した官僚統治だった。霞が関ににらみをきかせ、能力本位とはいえない官僚登用やコロナ対策の迷走は続く。官邸の内側で何が起きているのか。現役官僚らの肉声で明かす。

死は最後で最大のときめき

下重暁子

いつまでも心のときめきを、育て続けよう。人は最期のときを前にして、最も個性的な花を咲かせる――。人気エッセイストが、不安な時代の日常をみつめ、限りある命を美しく生き抜く心構えをつづる。著者の「覚悟」が伝わってくる至高の一冊。

こんな政権なら乗れる

中島岳志
保坂展人

迫る衆院総選挙。行き詰まる自公政権の受け皿はあるのか。保守論客の中島岳志氏が、コロナ対策や多摩川の防災、下北沢再開発等の区政10年で手腕を振るう保坂展人・東京都世田谷区長と、理論と実践の「リベラル保守政権」待望論を縦横に語り合う。